CB138243

Projeto LUMIRÁ

LÍNGUA PORTUGUESA 1

BLOCO DE LETRAS E NÚMEROS

VOGAIS

ESTE ENVELOPE PERTENCE A:

COLE A

DOBRE

COLE B

DOBRE

DOBRE COLE C

DOBRE

COLE A

COLE B

COLE C

Projeto LUMIRÁ

LÍNGUA PORTUGUESA 1

BLOCO DE LETRAS E NÚMEROS

CONSOANTES

ESTE ENVELOPE PERTENCE A:

COLE A

DOBRE

COLE B

DOBRE

DOBRE

COLE C

DOBRE

COLE B

COLE A

COLE C

A	A	A	A
A	A	A	A
A	A	A	A
Á	Á	Ã	Ã
Â	Â	E	E
E	E	E	E

E E E E

É É Ê Ê

I I I I

I I I I

I I Í Í

O O O O

O O O O

O O Ó Ó

Õ Õ Ô Ô

U U U U

U U U U

U U Ú Ú

B B B B

B B B B

B B B C

C C C C

C C C C

C D D D

D D D D

D D D F

F F F F

F F F F

F G G G

G G G G

G	G	G	H
H	H	H	H
H	H	H	H
H	J	J	J
J	J	J	J
J	J	J	K

K K K K

K K K K

K L L L

L L L L

L L L M

M M M M

M	M	M	M
M	M	M	N
N	N	N	N
N	N	N	N
N	P	P	P
P	P	P	P

P	P	P	P
P	Q	Q	Q
Q	Q	Q	Q
Q	Q	Q	R
R	R	R	R
R	R	R	R

R	R	R	R
R	S	S	S
S	S	S	S
S	S	S	S
S	S	S	T
T	T	T	T

T T T T

T T T V

V V V V

V V W W

W W X X

X X X X

Y	Y	Y	Y
Z	Z	Z	Z
Z	Z	Z	Ç
Ç	Ç	Ç	Ç
1	1	1	1
1	1	1	1

2 2 2 2

2 2 2 2

3 3 3 3

3 3 3 3

4 4 4 4

4 4 4 4

5 5 5 5

5 5 5 5

6 6 6 6

6 6 6 6

7 7 7 7

7 7 7 7

8 8 8 8

8 8 8 8

9 9 9 9

9 9 9 9

0 0 0 0

0 0 0 0

O CULPADO NÃO FUI EU

TEM UM COPO DE VENENO

QUEM BEBEU MORREU

LÁ EM CIMA DO PIANO

Ilustrações: Fabiana Faiallo/Arquivo da editora

DOBRE

COLE

ABACAXI

ABACATE

ABÓBORA

BALDE

BALEIA

BANANA

CAMA

CARRO

CACHORRO

DEDO

DADO

DOCE

ERVILHA

ELEFANTE

ESTRELA

FAMÍLIA

FACA

FOLHA

2

1

4

3

6

5

GOMA

GALHO

GATO

HIPOPÓTAMO

HOJE

HARPA

ILHA

IRMÃO

IATE

JACARÉ

JIPE

JIBOIA

LARANJA

LOBO

LÁPIS

MORANGO

MELANCIA

MARACUJÁ

ATIVIDADE DA PÁGINA **46** DO LIVRO

8

7

10

9

12

11

NUVEM

NAVIO

NOVELA

ÓCULOS

OVELHA

ÔNIBUS

PASTEL

PANELA

PICOLÉ

QUADRO

QUIABO

QUEIJO

RETRATO

RATO

RAPOSA

SABÃO

SAPATO

SAIA

ATIVIDADE DA PÁGINA **46** DO LIVRO

14

13

16

15

18

17

TÊNIS

TAPIOCA

TAMANDUÁ

UIRAPURU

UVA

URUBU

VACA

VENTO

VASSOURA

XALE

XERIFE

XADREZ

ZEBRA

ZERO

ZÍPER

20

19

22

21

23

COLE

COLE

COLE

23
AVANCE
1 CASA
22
VOLTE
3 CASAS
21
20
19
18
17
16
15
14
13
12
11
6

MEUS CONTATOS

		/ /
		/ /
		/ /
		/ /
		/ /

A

		/ /
		/ /
		/ /
		/ /
		/ /

C

ESTA AGENDA PERTENCE A:

___ / ___ / ___

B

		/ /
		/ /
		/ /
		/ /
		/ /

D

		/ /
		/ /
		/ /
		/ /
		/ /

E

		/ /
		/ /
		/ /
		/ /
		/ /

G

		/ /
		/ /
		/ /
		/ /
		/ /

I

		/ /
		/ /
		/ /
		/ /
		/ /

F

		/ /
		/ /
		/ /
		/ /
		/ /

H

		/ /
		/ /
		/ /
		/ /
		/ /

J

		/ /
		/ /
		/ /
		/ /
		/ /

		/ /
		/ /
		/ /
		/ /
		/ /

K

		/ /
		/ /
		/ /
		/ /
		/ /

M

		/ /
		/ /
		/ /
		/ /
		/ /

O

L

		___/___/___
		___/___/___
		___/___/___
		___/___/___
		___/___/___

N

		___/___/___
		___/___/___
		___/___/___
		___/___/___
		___/___/___

P

		___/___/___
		___/___/___
		___/___/___
		___/___/___
		___/___/___

Q

		/ /
		/ /
		/ /
		/ /
		/ /

S

		/ /
		/ /
		/ /
		/ /
		/ /

U

		/ /
		/ /
		/ /
		/ /
		/ /

R

		___/___/___
		___/___/___
		___/___/___
		___/___/___
		___/___/___

T

		___/___/___
		___/___/___
		___/___/___
		___/___/___
		___/___/___

V

		___/___/___
		___/___/___
		___/___/___
		___/___/___
		___/___/___

W

		/ /
		/ /
		/ /
		/ /
		/ /

Y

		/ /
		/ /
		/ /
		/ /
		/ /

ANOTAÇÕES

X

Z

Ilustração: Fabiana Faiallo/Arquivo da editora

Ilustração: Fabiana Faiallo/Arquivo da editora

Ilustração: Fabiana Faiallo/Arquivo da editora

TÍTULO: ______________________

DATA: ____ / ____ / ____ ARTISTA: ______________________

RECEITA INDICADA POR: ______________________________

DATA: ____ / ____ / ____

ABACAXI
abacaxi
abacaxi

LARANJA
laranja
laranja

MORANGO
morango
morango

BANANA
banana
banana

MAMÃO
mamão
mamão

UVA
uva
uva

ABACATE
abacate
abacate

MELÃO
melão
melão

Fotos: [abacaxi] photovs/Shutterstock/Glow Images; [laranja] Maks Narodenko/Shutterstock; [morango] sai0112/Shutterstock; [banana] Tatiana Popova/Shutterstock; [mamão] chevanon/Shutterstock; [uva] NinaM/Shutterstock; [abacate] Maks Narodenko/Shutterstock; [melão] WimL/Shutterstock

MELANCIA
melancia
melancia

GOIABA
goiaba
goiaba

JABUTICABA
jabuticaba
jabuticaba

PERA
pera
pera

MAÇÃ
maçã
maçã

QUIUÍ
quiuí
quiuí

MANGA
manga
manga

CAQUI
caqui
caqui

Fotos: [melancia] Valentyn Volkov/Shutterstock; [goiaba] Vinicius Tupinamba/Shutterstock/Glow Images; [jabuticaba] Alfredo Franco/Arquivo da editora; [pera] Ken Mind/Shutterstock/Glow Images; [maçã] baibaz/Shutterstock/Glow Images; [quiuí] Roman Samokhin/Shutterstock/Glow Images; [manga] Maks Narodenko/Shutterstock/Glow Images; [caqui] matin/Shutterstock/Glow Images.

ATIVIDADE DA PÁGINA 138 DO LIVRO

JACA
jaca
jaca

COCO
coco
coco

PITANGA
pitanga
pitanga

LIMÃO
limão
limão

Fotos: [jaca] Swapan Photography/Shutterstock; [coco] Maks Narodenko/Shutterstock; [pitanga] ribeiroantonio/Shutterstock; [limão] Anna Kucherova/Shutterstock.

ATIVIDADE DA PÁGINA 199 DO LIVRO

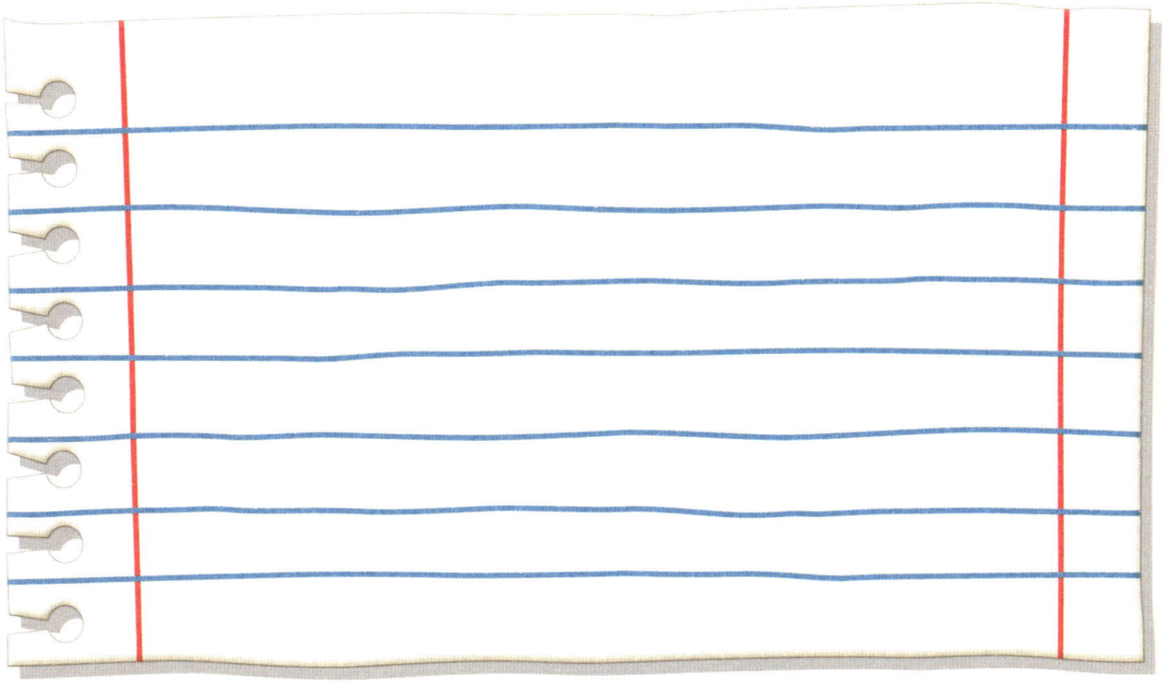

Ilustração: Patrícia Lima/Arquivo da editora

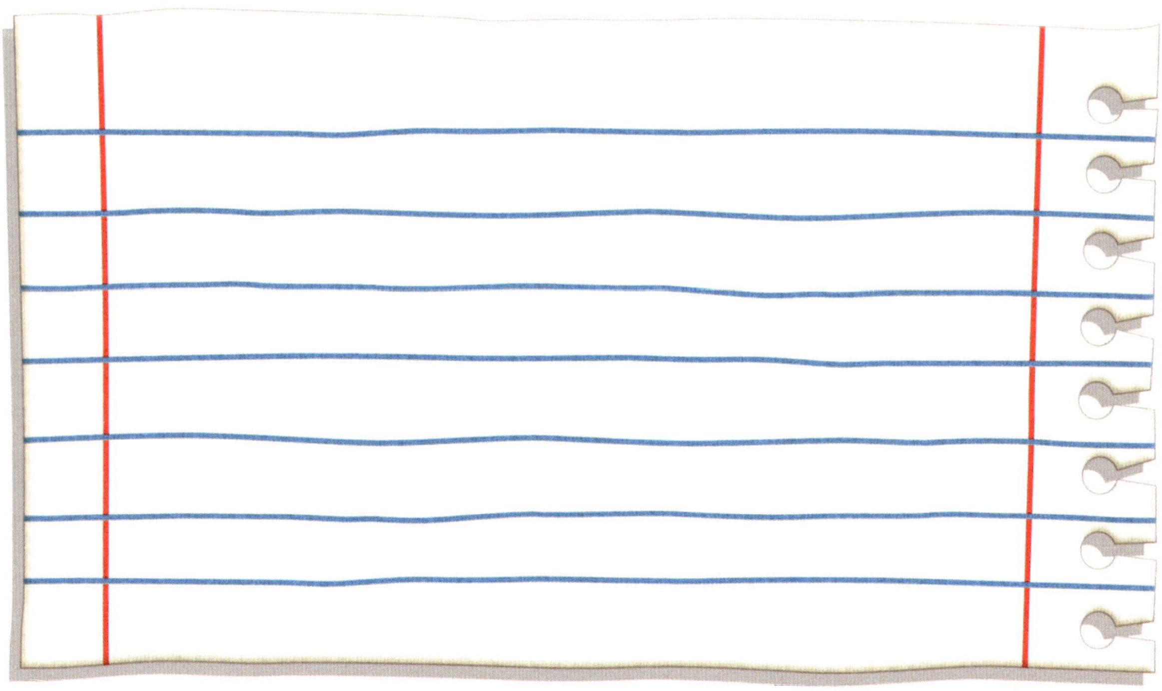

Ilustração: Patrícia Lima/Arquivo da editora

USE ESTE ENVELOPE PARA GUARDAR AS CARTAS DO JOGO DA MEMÓRIA.

ATIVIDADE DA PÁGINA 138 DO LIVRO

DOBRE

COLE

Adilson Farias/Arquivo da editora

CARO ALUNO

VOCÊ ESTÁ COMEÇANDO SEU ANO ESCOLAR. AO LONGO DESSE TEMPO, VOCÊ VAI APRENDER COISAS NOVAS E IMPORTANTES PARA O SEU DIA A DIA E PARA O FUTURO, COMO:

- LER E ESCREVER, RECONHECENDO PALAVRAS, SONS E TEXTOS;
- IDENTIFICAR NÚMEROS, OPERAÇÕES E FIGURAS;
- CONHECER O CORPO HUMANO, OS ANIMAIS E A NATUREZA;
- DESVENDAR O LUGAR EM QUE VIVEMOS;
- ENTENDER A HISTÓRIA DAS PESSOAS E DAS CIDADES.

O **PROJETO LUMIRÁ** VAI SER SEU COMPANHEIRO. NELE VOCÊ VAI ENCONTRAR TEXTOS, ATIVIDADES, JOGOS, ILUSTRAÇÕES E FOTOGRAFIAS MUITO INTERESSANTES. VOCÊ VAI APRENDER, PARTICIPAR DAS DESCOBERTAS E SE DIVERTIR MUITO.

BOM ESTUDO!

Projeto

LUMIRÁ

ESTE É O SEU LIVRO DE **LÍNGUA PORTUGUESA DO 1º ANO**.

ESCREVA AQUI O SEU NOME:

....

....

ESTE LIVRO VAI AJUDAR VOCÊ A INVESTIGAR O MUNDO E A DESCOBRIR MAIS SOBRE O UNIVERSO DA LEITURA E DA ESCRITA.

BOM ESTUDO!

editora ática

Diretoria editorial
Lidiane Vivaldini Olo
Gerência editorial
Luiz Tonolli
Editoria de Língua Portuguesa
Mirian Sancore de Oliveira Senra
Edição
Francisca Tarciana Morais da Silva e Solange de Oliveira
Gerência de produção editorial
Ricardo de Gan Braga
Arte
Andréa Dellamagna (coord. de criação),
Talita Guedes (progr. visual de capa e miolo),
Leandro Hiroshi Kanno (coord. de arte),
Tomiko Chiyo Suguita (editora de arte) e
Lívia Vitta Ribeiro, Casa de Tipos (diagram.)
Revisão
Hélia de Jesus Gonsaga (ger.),
Rosângela Muricy (coord.),
Ana Curci, Gabriela Macedo de Andrade,
Luís Maurício Boa Nova e Brenda Morais
e Gabriela Miragaia (estagiárias)
Iconografia
Sílvio Kligin (superv.),
Denise Durand Kremer (coord.),
Karina Tengan (pesquisa),
Cesar Wolf e Fernanda Crevin (tratamento de imagem)
Ilustrações
Estúdio Icarus CI – Criação de Imagem (capa),
Adilson Farias, Bruno Nunes, Cláudio Chiyo, Fabiana Faiallo,
Leninha Lacerda, Luna, Mathias Towsend, Patrícia Lima,
Simone Ziasch, Waldomiro Neto (miolo),
Cláudio Chiyo, Patrícia Lima, Simone Ziasch,
Waldomiro Neto (Caderno de Atividades),
Leninha Lacerda (Cartaz com alfabeto),
Fabiana Faiallo, Fabiana Salomão (Cartonados),
Simone Ziasch, Leninha Lacerda, Fabiana Faiallo (Adesivos)

Direitos desta edição cedidos à Editora Ática S.A.
Avenida das Nações Unidas, 7221, 3º andar, Setor A
Pinheiros – São Paulo – SP – CEP 05425-902
Tel.: 4003-3061
www.atica.com.br / editora@atica.com.br

Dados Internacionais de Catalogação na Publicação (CIP)
(Câmara Brasileira do Livro, SP, Brasil)

Projeto Lumirá : língua portuguesa : 1º ao 5º ano / obra coletiva da Editora Ática ; editor responsável Heloisa Pimentel . – 2. ed. – São Paulo : Ática, 2016. – (Projeto Lumirá : língua portuguesa)

1. Português (Ensino fundamental) I. Pimentel, Heloisa. II. Série.

16-01316 CDD-372.6

Índice para catálogo sistemático:
1. Português : Ensino fundamental 372.6

2017
ISBN 978 85 08 17874 2 (AL)
ISBN 978 85 08 17875 9 (PR)
Cód. da obra CL 739156
CAE 565 981 (AL) / 565 982 (PR)

2ª edição
3ª impressão

Impressão e acabamento
EGB Editora Gráfica Bernardi Ltda.

Elaboração de conteúdo

Daniela de Arruda Guariglia
Licenciada em Pedagogia pela Universidade de São Paulo
Pós-graduada (*lato sensu*) em Moralidade Infantil pela Universidade de Franca (SP)
Professora e coordenadora de Educação Infantil e do Ensino Fundamental da rede particular de ensino de São Paulo

Fernanda Glaessel Ramalho
Licenciada em Pedagogia pela Universidade de São Paulo
Responsável por programas de formação de professores, coordenadores e diretores da Secretaria Municipal de Educação de São Caetano do Sul (SP)
Autora dos programas Matemática em Jogo (Pensarte) e Magia de Ler (Melhoramentos)

Maria Fernanda Klaumann Canovas
Bacharela em Letras pela Universidade de São Paulo e licenciada em Pedagogia pelo Centro Universitário Claretiano (SP)
Pós-graduada (*lato sensu*) em Moralidade Infantil pela Universidade de Franca (SP)
Professora de Educação Infantil e do Ensino Fundamental da rede particular de ensino de São Paulo

Paula Saretta
Mestra em Psicologia Escolar pela PUC-Campinas (SP)
Doutora em Educação pela Universidade Estadual de Campinas (SP)
Aperfeiçoamento em Orientação à Queixa Escolar pela Universidade de São Paulo
Docente na educação superior e consultora em Psicologia e Educação

Ricardo Gonçalves Barreto
Bacharel e licenciado em Letras pela Universidade Mackenzie (SP)
Mestre e doutor em Letras pela Universidade de São Paulo
Autor de livros didáticos e consultor em Educação

Projeto

LUMIRÁ

LÍNGUA PORTUGUESA 1

Organizadora: Editora Ática S.A.
Obra coletiva concebida pela Editora Ática S.A.
Editora responsável: Heloisa Pimentel

Material de apoio deste volume:

- Cartonados e adesivos
- Bloco de letras e números
- Caderno de Atividades

editora ática

Projeto

LUMIRÁ

LÍNGUA PORTUGUESA 1

CADERNO DE ATIVIDADES

ALUNO: ....

ESCOLA: ....

editora ática

SUMÁRIO

PÁGINA 18 DO LIVRO

ESCRITA DE NOMES

1 VEJA OS NOMES ABAIXO.

AMANDA BENJAMIN CECÍLIA DANIEL

EMÍLIA FELIPE GUSTAVO HUGO

IVO JOAQUIM KARINE LUCAS

MARINA NATÁLIA OLÍVIA PAULO

QUÉZIA RAFAEL SOFIA TIAGO

ÚRSULA VALENTINA WANESSA XAVIER

YASMIN ZÉLIA

A) ESCREVA O NOME QUE TEM MAIS LETRAS. ____________________

B) ESCREVA O NOME QUE TEM MENOS LETRAS. ____________________

2 CIRCULE:

- DE  OS NOMES DE MENINAS.
- DE  OS NOMES DE MENINOS.

ESCRITA DE PALAVRAS

1 EDUARDO ESTÁ AJUDANDO OS PAIS A DEFINIR O QUE VAI SER SERVIDO EM SUA FESTA DE ANIVERSÁRIO. NA LISTA ABAIXO, ELE ESCOLHEU E CIRCULOU OS QUATRO ITENS DE QUE MAIS GOSTA.

AS IMAGENS NÃO ESTÃO REPRESENTADAS EM TAMANHO PROPORCIONAL ENTRE SI.

- ESCREVA ABAIXO O NOME DOS ITENS QUE EDUARDO ESCOLHEU.

2 TODOS OS ITENS QUE EDUARDO ESCOLHEU COMEÇAM COM A MESMA LETRA. QUE LETRA É ESSA? PINTE-A A SEGUIR.

B R S A O

PÁGINAS 26-27 DO LIVRO

ALFABETO

1. PROCURE EM JORNAIS E REVISTAS UMA PALAVRA INICIADA COM CADA UMA DAS LETRAS DO ALFABETO.

2. DEPOIS, COLE AS PALAVRAS QUE VOCÊ ENCONTROU NO ESPAÇO ABAIXO.

PÁGINA 33 DO LIVRO

LETRAS E OUTROS SINAIS GRÁFICOS

1 PINTE APENAS OS ESPAÇOS QUE CONTÊM LETRAS E DESCUBRA O DESENHO DE UM BRINQUEDO.

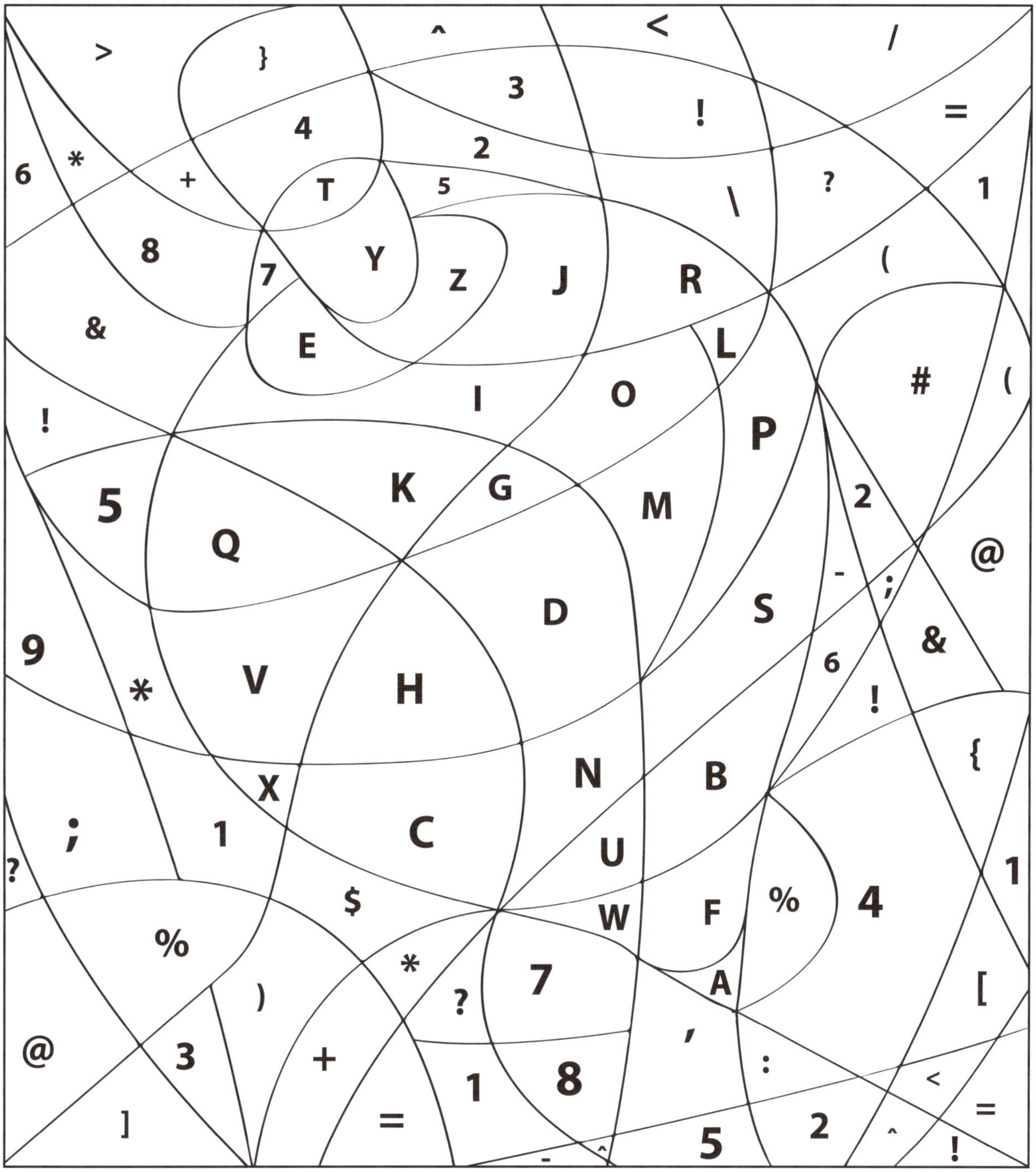

2 ESCREVA O NOME DO BRINQUEDO QUE VOCÊ DESCOBRIU.

____

PÁGINAS 48-49 DO LIVRO

ORDEM ALFABÉTICA

1 ESCREVA O NOME DE CADA FIGURA.

AS IMAGENS NÃO ESTÃO REPRESENTADAS EM TAMANHO PROPORCIONAL ENTRE SI.

Steve Heap/Shutterstock/ Glow Images

____

Vitaly Korovin/Shutterstok/ Glow Images

____

Picsfive/Shutterstok/ Glow Images

____

Alexlukin/Shutterstock/ Glow Images

____

Liz Van Steenburgh/ Shutterstock

____

Andre Helbig/Shutterstok/ Glow Images

____

2 AGORA, ESCREVA ESSAS PALAVRAS EM ORDEM ALFABÉTICA.

____

____

____

____

____

____

VOGAL E CONSOANTE

AS IMAGENS NÃO ESTÃO REPRESENTADAS EM TAMANHO PROPORCIONAL ENTRE SI.

1 COMPLETE O NOME DOS ANIMAIS.

Skydie/Shutterstock/ Glow Images

______RANHA

Steve Byland/ Shutterstok/ Glow Images

______EIJA-FLOR

Irinak/Shutterstok/ Glow Images

______SQUILO

Christian Musat/Shutterstok/ Glow Images

______RUBU

Volodymyr Burdiak/ Shutterstok/Glow Images

______OBO

Ana Vasileva/Shutterstock

______NÇA

A) ESCREVA OS NOMES DOS ANIMAIS QUE COMEÇAM COM VOGAL.

______

______

B) AGORA, ESCREVA OS NOMES DOS ANIMAIS QUE COMEÇAM COM CONSOANTE.

______

2 ESCREVA O NOME DO SEU ANIMAL FAVORITO NO QUADRO.

______

A) PINTE DE [laranja] AS VOGAIS E DE [azul] AS CONSOANTES.

B) ESCREVA O NÚMERO DE VOGAIS E CONSOANTES QUE APARECEM NO NOME DO SEU ANIMAL FAVORITO.

☐ VOGAIS ☐ CONSOANTES

SÍLABA

1 OBSERVE OS CÓDIGOS, DESCUBRA AS PALAVRAS E ESCREVA-AS ABAIXO. **DICA**: SÃO NOMES DE ANIMAIS.

1	2	3	4	5	6	7	8
BRE	TA	JA	TI	MOR	GO	LI	NHA

9	10	11	12	13	14	15	16
CE	BU	BOR	GA	BO	LE	TO	GRE

5 + 9 + 6

____

11 + 13 + 14 + 2

____

9 + 6 + 8

____

4 + 16

____

12 + 7 + 8

____

14 + 1

____

12 + 15

____

3 + 10 + 4

____

2 DOS NOMES DE ANIMAIS QUE VOCÊ DESCOBRIU:

A) QUAL É A PALAVRA QUE TEM MAIS SÍLABAS?

____

B) QUAIS SÃO AS PALAVRAS QUE COMEÇAM COM A MESMA SÍLABA?

____

PÁGINAS 98-99 DO LIVRO

ESPAÇO ENTRE AS PALAVRAS

1 QUANTAS PALAVRAS HÁ EM CADA FRASE? ESCREVA NOS QUADRINHOS.

☐ MARINA TEM TRÊS GATINHOS.

☐ OS ANIMAIS PRECISAM DE CUIDADOS.

2 FAÇA TRAÇOS PARA SEPARAR UMA PALAVRA DA OUTRA NAS FRASES ABAIXO.

A) VOCÊVIUMEUCACHORRO?

B) OPAPAGAIOSABEFALAR?

C) MEUPAITEMMEDODEBARATA.

D) OJACARÉTEMMUITOSDENTES.

3 CANTE A CANTIGA E FAÇA UM TRAÇO ENTRE AS LETRAS TODA VEZ QUE FALTAR UM ESPAÇO ENTRE AS PALAVRAS.

SAPO CURURU
NABEIRA DO RIO,
QUANDO O SAPOCANTA,
Ó MANINHA,
É PORQUETEM FRIO.

AMULHER DO SAPO
DIZ QUE ESTÁ LÁ DENTRO
FAZENDO RENDINHA,
Ó MANINHA,
PARA OCASAMENTO.

DOMÍNIO PÚBLICO.

Cláudio Chiyo/Arquivo da editora

- ESSA CANTIGA TEM ______ PALAVRAS.

PÁGINA 98 DO LIVRO

SINAIS DE PONTUAÇÃO

1 OBSERVE O QUADRO.

!		S	2
A	5	=	,
	:	L	
.	7	+	?

A) CIRCULE AS LETRAS DE [vermelho].

B) CIRCULE OS SINAIS DE PONTUAÇÃO DE [azul].

2 PROCURE EM JORNAIS E REVISTAS FRASES EM QUE APAREÇAM OS SINAIS DE PONTUAÇÃO QUE VOCÊ CIRCULOU NA ATIVIDADE ANTERIOR. RECORTE ESSAS FRASES E COLE-AS NO QUADRO ABAIXO.

PÁGINA 99 DO LIVRO

DIREÇÃO DA LEITURA

OBSERVE ESTA HISTÓRIA.

Simon Tofield/Acervo do cartunista

SIMON'S CAT: AS AVENTURAS DE UM GATO TRAVESSO E COMILÃO, DE SIMON TOFIELD. PORTO ALEGRE: L&PM, 2012. P. 8.

A) ASSINALE COM UM **X** AS RESPOSTAS CORRETAS. A LEITURA FOI FEITA:

- [ ] DA ESQUERDA PARA A DIREITA. →
- [ ] DA DIREITA PARA A ESQUERDA. ←
- [ ] DE BAIXO PARA CIMA. ↑
- [ ] DE CIMA PARA BAIXO. ↓

B) A LEITURA DE TEXTOS ESCRITOS TAMBÉM É FEITA DA MESMA FORMA?

- [ ] SIM
- [ ] NÃO

PÁGINAS 116-117 DO LIVRO

SÍLABA INICIAL E FINAL

1 EM CADA GRUPO, QUAL É O NOME QUE **NÃO** TERMINA COM A MESMA SÍLABA? CIRCULE.

AS IMAGENS NÃO ESTÃO REPRESENTADAS EM TAMANHO PROPORCIONAL ENTRE SI.

Sergio Kostenko/Shutterstock/Glow Images

LIMÃO

Ivaylo Ivanov/Shutterstock/Glow Images

CEREJA

Goncharuk/Shutterstock/Glow Images

LARANJA

Sergio Stakhnyk/Shutterstock/Glow Images

PUDIM

Madlen/Shutterstock/Glow Images

BALA

Celso Pupo/Shutterstock/Glow Images

QUINDIM

2 SIGA O EXEMPLO E COMPLETE OS CÓDIGOS DAS SÍLABAS INICIAIS DE CADA PALAVRA.

1	2	3	4	5	6
A					

AS IMAGENS NÃO ESTÃO REPRESENTADAS EM TAMANHO PROPORCIONAL ENTRE SI.

Madlen/Shutterstock/Glow Images

1 + BACAXI

Dimitar Bosakov/Shutterstock/Glow Images

2 + RULITO

Nattika/Shutterstock/Glow Images

3 + COLATE

Picsfive/Shutterstock/Glow Images

4 + RANGO

Photastic/Shutterstock/Glow Images

5 + DO

Alex Staroseltsev/Shutterstock/Glow Images

6 + RA

PÁGINAS 132-133 DO LIVRO

TIPOS DE LETRAS

OBSERVE O TRAÇADO DAS LETRAS, CUBRA O PONTILHADO E COMPLETE AS PAUTAS COM MAIS LETRAS CURSIVAS.

A a A a

B b B b

C c C c

D d D d

E e E e

F f F f

G g G g

H h H h

I i I i

J j J j

K k K k

L l L l

M m M m

LETRA MAIÚSCULA EM INÍCIO DE FRASE

1 LEIA O BILHETE DEIXADO PELA MÃE DE LUANA.

> Luana,
>
> Antes de viajar, faça as seguintes tarefas:
>
> 1. Separe o pijama.
> 2. Coloque ração para o gato.
> 3. Guarde os chinelos e a escova de dentes na mala.
>
> Boa viagem!
>
> Beijos,
>
> Mamãe

- CIRCULE AS LETRAS MAIÚSCULAS QUE APARECEM NO BILHETE.

2 ASSINALE COM UM **X** A FRASE CORRETA. AS PALAVRAS ESTÃO ESCRITAS COM LETRA INICIAL MAIÚSCULA PORQUE:

- [ ] FICAM MAIS BONITAS ESCRITAS DESSA FORMA.
- [ ] ESTÃO NO INÍCIO DAS FRASES.

SINAIS DE PONTUAÇÃO

1 CIRCULE AS FRASES QUE SÃO PERGUNTAS.

ELE ACEITOU O CONVITE!

TODOS VÃO À FESTA!

A BRUXA FOI CONVIDADA?

VOCÊ VAI À FESTA?

2 O QUE VOCÊ ESCREVERIA SE QUISESSE CONVIDAR UM AMIGO PARA UMA FESTA? ASSINALE COM **X**.

- [ ] VOCÊ NÃO VAI À FESTA COMIGO!
- [ ] VAMOS À FESTA COMIGO?
- [ ] NÓS VAMOS À FESTA.

3 QUANDO QUEREMOS ESCREVER UMA PERGUNTA, USAMOS:

- [ ] PONTO-FINAL (**.**)
- [ ] PONTO DE INTERROGAÇÃO (**?**)
- [ ] PONTO DE EXCLAMAÇÃO (**!**)

Ilustrações: Patrícia Lima/Arquivo da editora

ADESIVOS PARA A ATIVIDADE 3 DA PÁGINA 143 DO LIVRO

Ilustrações: Fabiana Faiallo/Arquivo da editora

ADESIVOS PARA A ATIVIDADE DAS PÁGINAS 152 E 153 DO LIVRO

Ilustrações: Simone Ziasch/Arquivo da editora

ABACAXI

LIMÃO

UVA

BANANA

LARANJA

MAÇÃ

MORANGO

MELANCIA

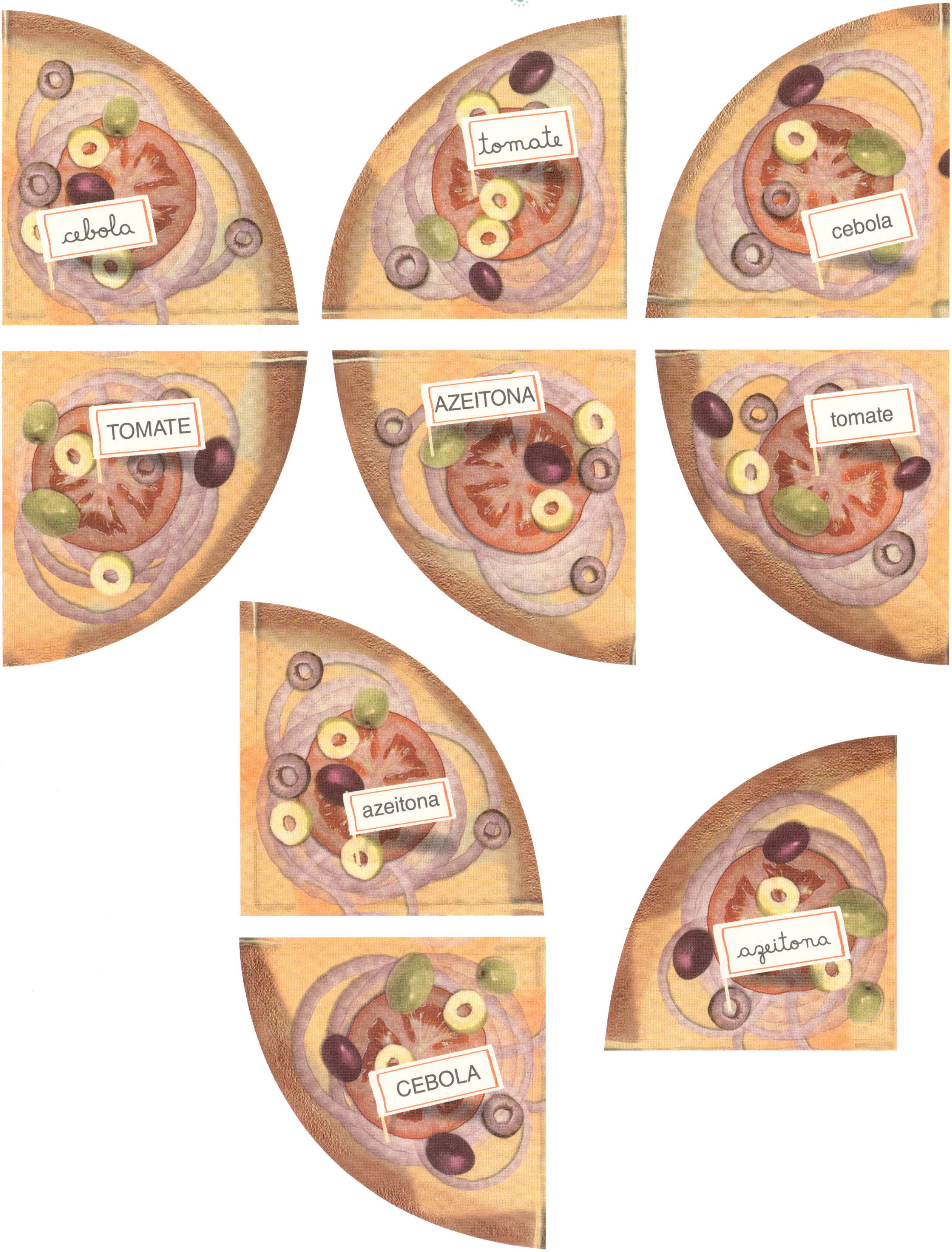

Ilustrações: Simone Ziasch/Arquivo da editora

ADESIVOS PARA AS ATIVIDADES DAS PÁGINAS 118 E 119 DO LIVRO

Ilustrações: Leninha Lacerda/Arquivo da editora

ADESIVOS PARA A ATIVIDADE 1 DA PÁGINA 38 DO LIVRO

Ilustrações: Simone Ziasch/ Arquivo da editora

ADESIVOS PARA A ATIVIDADE 3 DA PÁGINA 55 DO LIVRO

Reprodução/Ed. Ática

Reprodução/Ed. Brinque-Book

Reprodução/Ed. Companhia das Letras

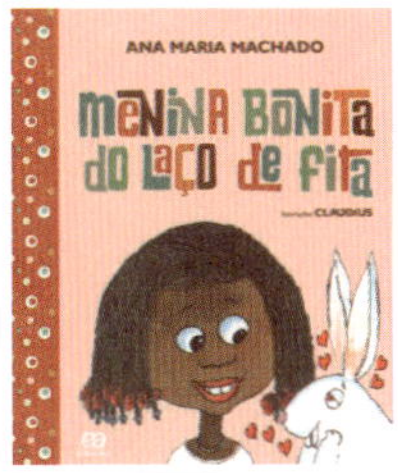

Reprodução/Ed. Ática

Reprodução/Ed. Brinque-Book

Reprodução/Ed. Ática

Reprodução/Ed. Scipione

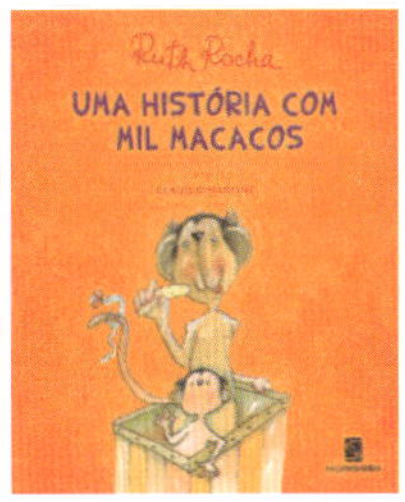

Reprodução/Ed. Salamandra

ADESIVOS PARA A ATIVIDADE 1 DA PÁGINA 66 DO LIVRO

ONÇA | ELEFANTE | IGUANA

URSO | ABELHA

ADESIVOS PARA A ATIVIDADE 1 DA PÁGINA 80 DO LIVRO

TE | E | FAN | LE

COMO É O MEU LIVRO?

- ESTE LIVRO TEM QUATRO UNIDADES,
- CADA UMA DELAS COM TRÊS CAPÍTULOS.
- NO FINAL, NA SEÇÃO **PARA SABER MAIS**,
- HÁ INDICAÇÕES DE LIVROS, VÍDEOS E
- *SITES* PARA COMPLEMENTAR
- SEU ESTUDO.

ABERTURA

VOCÊ OBSERVA A IMAGEM, RESPONDE ÀS QUESTÕES E TROCA IDEIAS COM OS COLEGAS E O PROFESSOR SOBRE O QUE VAI ESTUDAR.

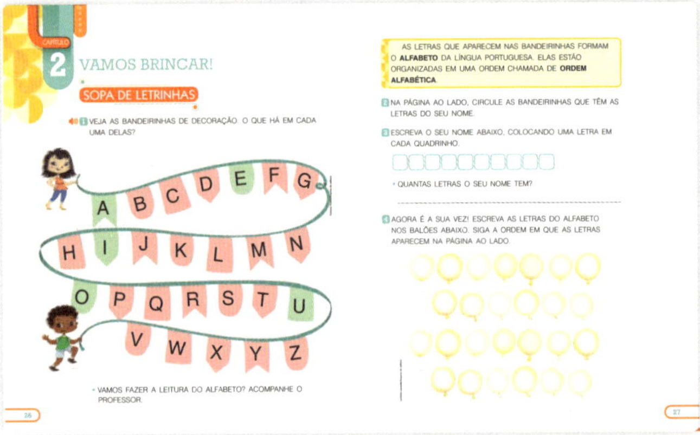

SOPA DE LETRINHAS

NESTA SEÇÃO, AS ATIVIDADES INCIAIS VÃO LEVAR VOCÊ A FAZER NOVAS DESCOBERTAS.

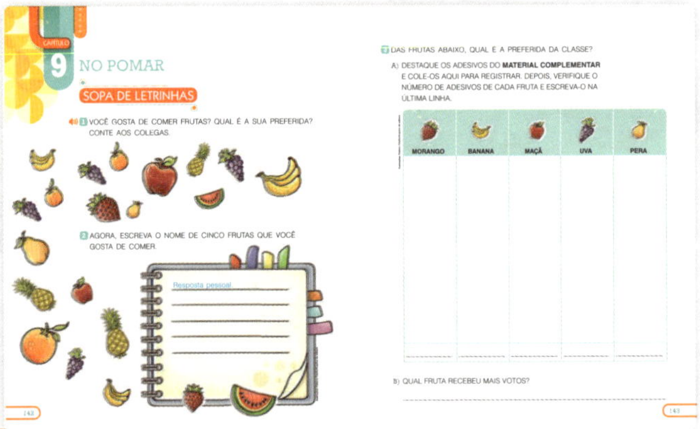

LEITURA E ATIVIDADES

AQUI VOCÊ VAI LER E OUVIR DIFERENTES TEXTOS.
DEPOIS, AS ATIVIDADES DE LEITURA AJUDARÃO VOCÊ A ENTENDER E A APRENDER MAIS SOBRE O QUE LEU E OUVIU.

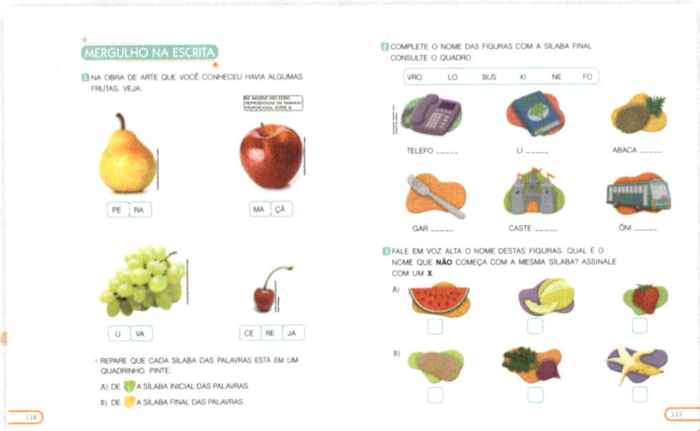

MERGULHO NA ESCRITA

VOCÊ VAI REFLETIR SOBRE A ESCRITA, CONHECER MELHOR A LÍNGUA PORTUGUESA E APRENDER MAIS SOBRE GRAMÁTICA E ORTOGRAFIA.

ÍCONE

ATIVIDADE ORAL

MEUS TEXTOS

AQUI VOCÊ PRODUZIRÁ SEU PRÓPRIO TEXTO COM PLANEJAMENTO, REVISÃO DO QUE ESCREVEU OU CONVERSOU E APRESENTAÇÃO DO TEXTO FINAL.

RECREIO

ATIVIDADES LÚDICAS QUE DIVERTEM E ENSINAM AO MESMO TEMPO.

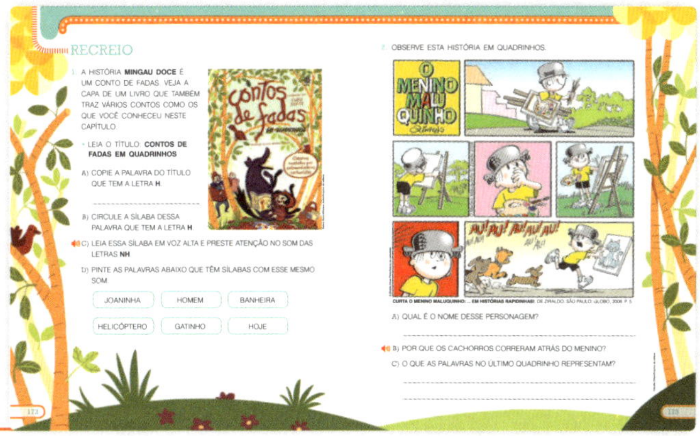

LEITURA DE IMAGEM

AQUI VOCÊ VAI FAZER UM TRABALHO COM IMAGENS. AS FOTOGRAFIAS AJUDAM VOCÊ A REFLETIR SOBRE OS TEMAS ESTUDADOS: O QUE É PARECIDO COM SEU DIA A DIA, O QUE É DIFERENTE.

O QUE APRENDI?

AQUI VOCÊ ENCONTRA ATIVIDADES PARA PENSAR NO QUE APRENDEU, MOSTRAR O QUE JÁ SABE E REFLETIR SOBRE O QUE PRECISA MELHORAR.

SUMÁRIO

UNIDADE 1

APRENDER É UMA FESTA!

UNIDADE 2

MUNDO ANIMAL

UNIDADE 3

O SABOR DAS PALAVRAS

UNIDADE 4

MUNDO DA FANTASIA

UNIDADE 1

APRENDER É UMA FESTA!

CENA DO FILME **MINIONS**, DE PIERRE COFFIN E KYLE BALDA. ESTADOS UNIDOS: DISNEY/PIXAR, 2015.

Illumination Entertainment/Universal Pictures

- NESTA CENA, OS PERSONAGENS ESTÃO EM UMA FESTA. ELES PARECEM FELIZES?
- VOCÊ JÁ ESTEVE EM UMA FESTA? COMO FOI?
- VOCÊ GOSTA DE APRENDER? CONHECER COISAS NOVAS TAMBÉM PODE SER DIVERTIDO?

CAPÍTULO 1

UM CONVITE PARA A AMIZADE

SOPA DE LETRINHAS

1 QUE TAL CRIAR UM ÁLBUM DE LEMBRANÇAS?

PARA ISSO, FAÇA UM DESENHO DE VOCÊ MESMO OU COLE UMA FOTO SUA. DEPOIS, ESCREVA SEU NOME NO QUADRINHO.

Fabiana Faiallo/Arquivo da editora

2 QUAL É A COMIDA E A BRINCADEIRA DE QUE VOCÊ MAIS GOSTA? SERÁ QUE TODOS DA SALA GOSTAM DAS MESMAS COISAS? OUÇA AS RESPOSTAS DOS COLEGAS E AGUARDE A SUA VEZ DE RESPONDER.

3 ESCREVA NOS QUADRINHOS DO SEU ÁLBUM:

A) SUA COMIDA PREFERIDA.
DEPOIS, FAÇA UM DESENHO DELA.

B) SUA BRINCADEIRA FAVORITA.
DEPOIS, DESENHE-A.

zmkstudio/Shutterstock/Glow Images

4 OUÇA O POEMA QUE O PROFESSOR VAI LER.

A ESCOLA

TODO DIA,
NA ESCOLA,
A PROFESSORA,
O PROFESSOR.
A GENTE APRENDE,
E BRINCA MUITO
COM DESENHO,
TINTA E COLA.

MEUS AMIGOS
TÃO QUERIDOS
FAZEM FARRA,
FAZEM FILA.
O PAULINHO,
O PEDRÃO,
A PATRÍCIA
E A PRISCILA.

QUANDO CHEGA
O RECREIO
TUDO VIRA
BRINCADEIRA.
COMO O BOLO,
TOMO O SUCO
QUE VÊM DENTRO
DA LANCHEIRA.

QUANDO TOCA
O SINAL,
NOSSA AULA
CHEGA AO FIM.
ATÉ AMANHÃ,
AMIGUINHOS,
NÃO SE ESQUEÇAM, NÃO,
DE MIM...

Simone Ziasch/Arquivo da editora

Reprodução/Ed. Formato

ESSE POEMA FAZ PARTE DO LIVRO **AMIGOS DO PEITO**, DE CLÁUDIO THEBAS. BELO HORIZONTE: FORMATO, 2011.

5 VOCÊ JÁ CONHECE OS COLEGAS DA ESCOLA? SABE O NOME DELES? SENTEM-SE EM RODA PARA BRINCAR DE **EU CONVIDO**.

6 AGORA QUE VOCÊ JÁ CONHECE MELHOR OS NOVOS COLEGAS DE CLASSE, ESCREVA:

A) O NOME DO COLEGA SENTADO AO SEU LADO ESQUERDO.

____

B) O NOME DO COLEGA SENTADO AO SEU LADO DIREITO.

____

C) O NOME DO COLEGA SENTADO À SUA FRENTE.

____

Ilustrações: Simone Ziasch/Arquivo da editora

LEITURA

VOCÊ JÁ RECEBEU UM CONVITE PARECIDO COM ESTE?
PARA QUE SERVE UM CONVITE?

MARIA PAULA,

ESPERO VOCÊ PARA COMEMORAR MEU ANIVERSÁRIO DE 6 ANOS!

VENHA FANTASIADA! VAI SER MUITO DIVERTIDO!

DATA: 10 DE MAIO

HORA: DAS 15H ÀS 19H

ENDEREÇO: RUA DAS FLORES, 56

ATÉ LÁ,

EDUARDO

Luna/Arquivo da editora

ATIVIDADES

1. CIRCULE NO CONVITE O NOME DO ANIVERSARIANTE.

2. COPIE O NOME DA CONVIDADA DA FESTA.

____

3. PINTE OS NÚMEROS NO CONVITE COM A COR .

4. QUANDO SERÁ A FESTA? FAÇA UM RISCO EMBAIXO DA DATA.

____

5. QUANTOS ANOS O ANIVERSARIANTE VAI COMEMORAR? DESENHE NO BOLO UMA VELA PARA CADA ANO.

____

6. PARA VOCÊ, O QUE NÃO PODE FALTAR EM UMA FESTA? CONTE PARA OS COLEGAS E O PROFESSOR.

Luna/Arquivo da editora

MERGULHO NA ESCRITA

1 VEJA A LISTA COM O NOME DOS CONVIDADOS PARA A FESTA DE EDUARDO.

A) PINTE DE O NOME QUE TEM MAIS LETRAS.

B) PINTE DE O NOME COM MENOS LETRAS.

C) PINTE DE O NOME QUE COMEÇA COM A LETRA **P**.

D) COPIE O NOME QUE COMEÇA COM A LETRA **A**.

____

Fabiana Faiallo/Arquivo da editora

2 AGORA, SEPARE OS NOMES DOS CONVIDADOS EM DOIS GRUPOS.

MENINOS	MENINAS

3 ALGUNS AMIGOS DE EDUARDO JÁ ESTÃO CHEGANDO PARA A FESTA!

- ESCREVA O NOME DA FANTASIA DE CADA UM DELES NOS QUADRINHOS. USE UMA LETRA POR QUADRINHO.
- PINTE OS QUADRINHOS QUE FICAREM EM BRANCO.

FADA

MÉDICA

URSO PANDA

REI

Ilustrações: Fabiana Faiallo/Arquivo da editora

MEUS TEXTOS

CONVITE

1 SE VOCÊ FOSSE FAZER UMA FESTA DE ANIVERSÁRIO, QUEM CONVIDARIA? FAÇA UMA LISTA COM O NOME DESSAS PESSOAS.

Fabiana Faiallo/Arquivo da editora

2 AGORA, COMPLETE O CONVITE PARA SUA FESTA COM AS INFORMAÇÕES QUE ESTÃO FALTANDO.

Fabiana Faiallo/Arquivo da editora

- FAÇA DESENHOS PARA ENFEITAR O SEU CONVITE.

RECREIO

1. NAS FESTAS DE ANIVERSÁRIO SEMPRE HÁ MUITOS DOCES E SALGADOS. LIGUE OS NOMES ÀS IMAGENS.

AS IMAGENS NÃO ESTÃO REPRESENTADAS EM TAMANHO PROPORCIONAL ENTRE SI.

CACHORRO-QUENTE	
BRIGADEIROS	
BOLO	
EMPADAS	
PIPOCA	

Fotos: 1. Pinkcandy/Shutterstock/Glow Images; 2. Berna Namoglu/Shutterstock/Glow Images; 3. Mike Flippo/Shutterstock/Glow Images; 4. Diogoppr/Shutterstock/Glow Images; 5. João Prudente/Pulsar Imagens

Simone Ziasch/
Arquivo da editora

2. ESCREVA O NOME DE OUTRAS COMIDAS OU BEBIDAS QUE NÃO PODEM FALTAR EM UMA FESTA. DEPOIS, DESENHE-AS.

ATIVIDADES DO CAPÍTULO

1. OUÇA A LEITURA DOS NOMES QUE ESTÃO NO QUADRO.

ALEXANDRE	ROBERTA	TATIANA	BEATRIZ
PATRÍCIA	CARLOS	MARIANA	DANIEL
PEDRO	EDUARDO	DANILO	BIANCA
JOANA	TADEU	BRUNO	PAULO

A) PINTE DE  OS NOMES QUE COMEÇAM COM A LETRA **B**.

B) PINTE DE  OS NOMES QUE COMEÇAM COM A LETRA **P**.

C) PINTE DE  OS NOMES QUE COMEÇAM COM A LETRA **D**.

2. O PROFESSOR VAI FALAR O NOME DAS FRUTAS E DOS OBJETOS QUE APARECEM ABAIXO.

CIRCULE A FIGURA CUJO NOME **NÃO** COMEÇA COM A LETRA INDICADA.

AS IMAGENS NÃO ESTÃO REPRESENTADAS EM TAMANHO PROPORCIONAL ENTRE SI.

A

Elnur/Shutterstock/Glow Images

Africa Studio/Shutterstock/Glow Images

Africa Studio/Shutterstock/Glow Images

Alex Staroseltsev/Shutterstock/Glow Images

M

Alex Staroseltsev/Shutterstock/Glow Images

Andre Helbig/Shutterstock/Glow Images

Photobac/Shutterstock/Glow Images

Bergamont/Shutterstock/Glow Images

3. VOCÊ JÁ FEZ UMA CRUZADINHA? OBSERVE OS DESENHOS E ESCREVA AS PALAVRAS COLOCANDO UMA LETRA EM CADA QUADRINHO.

BOLO	PRESENTE	VELA
BALÃO	~~BRIGADEIRO~~	

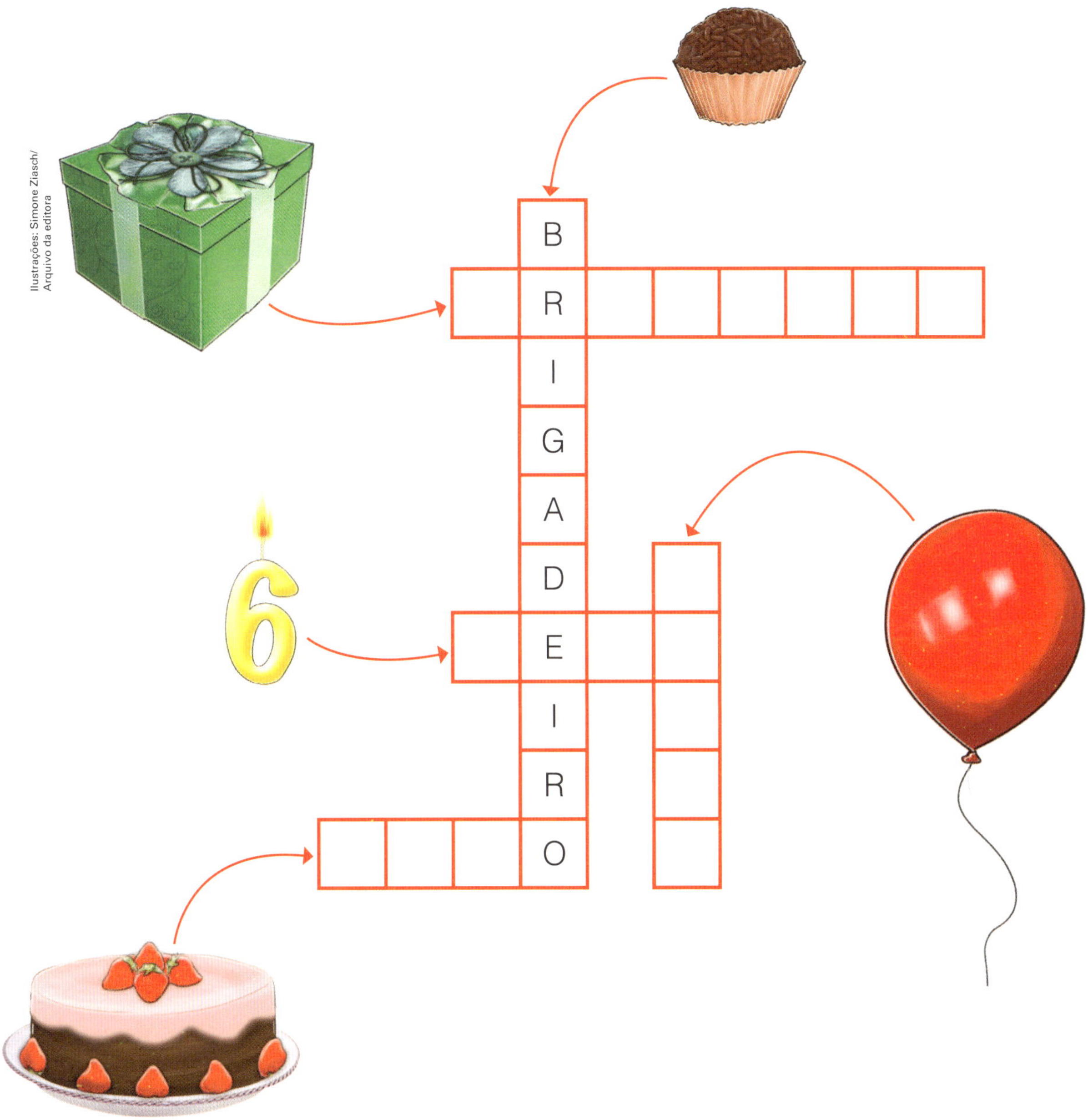

Ilustrações: Simone Ziasch/ Arquivo da editora

CAPÍTULO 2

VAMOS BRINCAR!

SOPA DE LETRINHAS

1 VEJA AS BANDEIRINHAS DE DECORAÇÃO. O QUE HÁ EM CADA UMA DELAS?

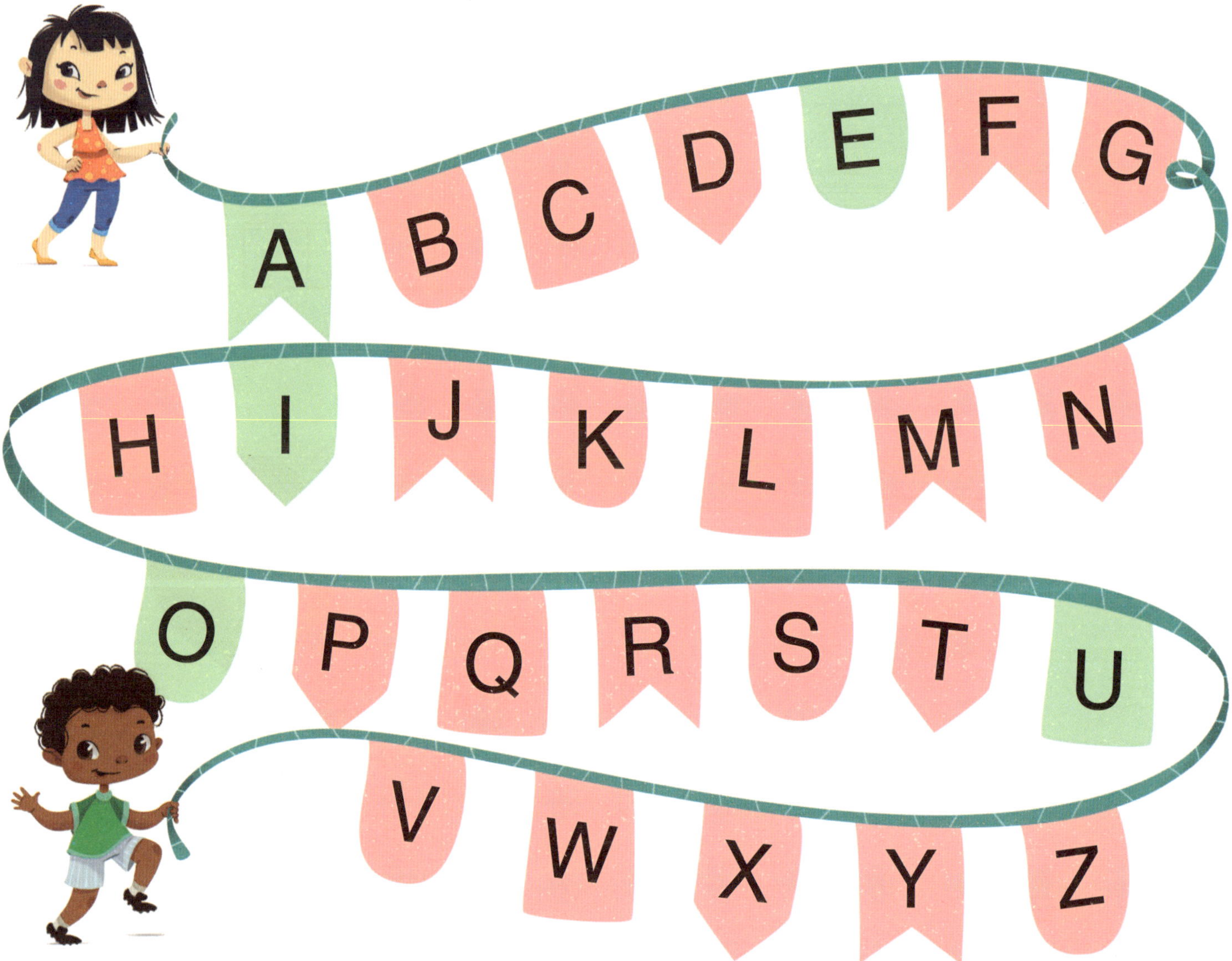

Fabiana Faiallo/Arquivo da editora

- VAMOS FAZER A LEITURA DO ALFABETO? ACOMPANHE O PROFESSOR.

AS LETRAS QUE APARECEM NAS BANDEIRINHAS FORMAM O **ALFABETO** DA LÍNGUA PORTUGUESA. ELAS ESTÃO ORGANIZADAS EM UMA ORDEM CHAMADA DE **ORDEM ALFABÉTICA**.

2 NA PÁGINA AO LADO, CIRCULE AS BANDEIRINHAS QUE TÊM AS LETRAS DO SEU NOME.

3 ESCREVA O SEU NOME ABAIXO, COLOCANDO UMA LETRA EM CADA QUADRINHO.

- QUANTAS LETRAS O SEU NOME TEM?

4 AGORA É A SUA VEZ! ESCREVA AS LETRAS DO ALFABETO NOS BALÕES ABAIXO. SIGA A ORDEM EM QUE AS LETRAS APARECEM NA PÁGINA AO LADO.

Leninha Lacerda/Arquivo da editora

5 ESCREVA AS LETRAS QUE ESTÃO FALTANDO PARA COMPLETAR O ALFABETO.

	B	C	D		F	G
H		J	K	L	M	N
	P	Q	R	S	T	
V	W	X	Y	Z		

6 OBSERVE OS DESENHOS E LEIA AS PALAVRAS.

BOLO

BALÃO

DADO

BICICLETA

Ilustrações: Leninha Lacerda/ Arquivo da editora

A) UMA DAS PALAVRAS COMEÇA COM UMA LETRA DIFERENTE DAS DEMAIS. CIRCULE ESSA PALAVRA.

B) VOCÊ CONHECE OUTRAS PALAVRAS QUE COMEÇAM COM A LETRA **B**? ESCREVA AS QUE VOCÊ SOUBER.

7 NO ALFABETO HÁ TRÊS LETRAS MUITO USADAS PARA ESCREVER PALAVRAS EM OUTRAS LÍNGUAS, NOMES, MARCAS, SÍMBOLOS. VEJA:

Leninha Lacerda/Arquivo da editora

- PESQUISE EM JORNAIS E REVISTAS ALGUMAS PALAVRAS COM ESSAS LETRAS. RECORTE-AS E COLE-AS NO ESPAÇO ABAIXO.

LEITURA

O QUE VOCÊ FAZ PARA SE DIVERTIR? VOCÊ SABE O QUE SÃO PARLENDAS? CONHECE ALGUMA PARLENDA USADA EM BRINCADEIRAS?

PICA, PICA,
CARAMBOLA.
ESTE DENTRO,
ESTE FORA.

DOMÍNIO PÚBLICO

Peter Zijlstra/Shutterstock/Glow Images

CORRE CUTIA,
NA CASA DA TIA.
CORRE CIPÓ,
NA CASA DA VÓ.
LENCINHO NA MÃO
CAIU NO CHÃO,
MOÇA BONITA
DO MEU CORAÇÃO.

DOMÍNIO PÚBLICO.

Ilustrações: Luna/Arquivo da editora

ATIVIDADES

1 OUÇA A LEITURA DO PROFESSOR.

SALADA, SALADINHA,
BEM TEMPERADINHA
COM SAL, PIMENTA,
FOGO, FOGUINHO.

DOMÍNIO PÚBLICO.

Ilustrações: Luna/Arquivo da editora

- PINTE DE  A PALAVRA QUE COMEÇA COM **P**.

2 CONHEÇA A PARLENDA **BOCA DE FORNO**. ACOMPANHE A LEITURA DO PROFESSOR E TROQUE O DESENHO PELA PALAVRA CERTA.

REI: BOCA DE FORNO

CRIANÇAS: FORNO

REI: TIRANDO BOLO?

CRIANÇAS: BOLO

REI: FARÃO TUDO O QUE SEU MESTRE MANDAR?

CRIANÇAS: TUDO

REI: SE NÃO FIZEREM?

CRIANÇAS:  ______________

DOMÍNIO PÚBLICO.

Leninha Lacerda/
Arquivo da editora

MERGULHO NA ESCRITA

1 JULIANA E SEUS AMIGOS PLANEJAM IR BRINCAR NO PARQUE. NO CAMINHO QUE ELES FARÃO HÁ MUITAS PALAVRAS, PLACAS, NÚMEROS, DESENHOS. VEJA:

Waldomiro Neto/Arquivo da editora

- AGORA, ENCONTRE NA CENA AS PLACAS, OS NÚMEROS E OS DESENHOS QUE VOCÊ TAMBÉM OBSERVA NO CAMINHO QUE FAZ PARA IR À ESCOLA.

2 OBSERVE O QUADRO.

6	G		?
	+	B	3
E			=
	%	100	

Ilustrações: Waldomiro Neto/Arquivo da editora

A) CIRCULE AS LETRAS DE  .

B) CIRCULE OS NÚMEROS DE  .

3 USE AS LETRAS DO QUADRO ACIMA PARA COMPLETAR O NOME DOS BRINQUEDOS QUE JULIANA VIU NO PARQUE.

______SCORREGADOR

______ALANÇO

______ANGORRA

MEUS TEXTOS

PARLENDA

PREPARAÇÃO

1 DESTAQUE DO **MATERIAL COMPLEMENTAR** OS VERSOS DA PARLENDA E COLOQUE-OS EM ORDEM. DEPOIS, COLE-OS NO ESPAÇO ABAIXO.

Leninha Lacerda/Arquivo da editora

ESCRITA

2 COM OS COLEGAS, ESCOLHA UMA PARLENDA DE QUE VOCÊS GOSTEM MUITO.

ESCREVA ESSA PARLENDA E FAÇA DESENHOS PARA ILUSTRÁ-LA.

RECREIO

1. JULIANA E SEUS AMIGOS SEPARARAM BRINQUEDOS PARA DOAR PARA OUTRAS CRIANÇAS. VEJA COMO FICOU A LISTA:

CRIANÇA	BRINQUEDO DOADO	
ANTÔNIO	______OLA	
CAROLINA	BO______ECA	
DANIELA	______ETECA	
EDUARDO	QUEBRA-______ABEÇA	
JOÃO	______ARRINHO	
LAÍS	______OMINÓ	
MARIANA	U______SO	
OLÍVIA	COR______A	

Fotos: 1. Elena Schweitzer/Shutterstock/Glow Images; 2. Michey/Keystone; 3. Marcelo Justo/Folhapress; 4. Helga Chirk/Shutterstock/Glow Images; 5. Obak/Shutterstock/Glow Images; 6. pzaxe/Shutterstock/Glow Images; 7. Valentina Razumova/Shutterstock/Glow Images; 8. Arctos/Shutterstock/Glow Images

- COMPLETE O NOME DOS BRINQUEDOS COM A LETRA QUE FALTA.

2. COMPLETE A PARLENDA COM O NOME DAS FIGURAS. CONSULTE O QUADRO DE PALAVRAS.

CADEIRA	MACACO

O ______________________ FOI À FEIRA,
NÃO SABIA O QUE COMPRAR.
COMPROU UMA CADEIRA
PRA COMADRE SE SENTAR.
A COMADRE SE SENTOU,

A ______________________ ESBORRACHOU.
COITADINHA DA COMADRE,
FOI PARAR NO CORREDOR.

3. LIGUE AS FIGURAS QUE TÊM O NOME COM A MESMA TERMINAÇÃO.

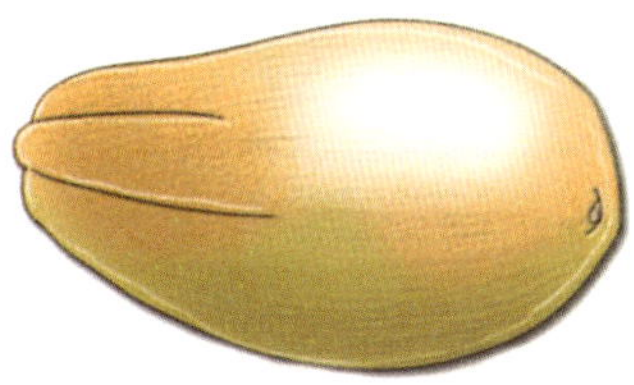

Ilustrações: Simone Ziasch/ Arquivo da editora

ATIVIDADES DO CAPÍTULO

1. OBSERVE O CÓDIGO E DESCUBRA QUAIS SÃO OS BRINQUEDOS ESCONDIDOS.

Ilustrações: Simone Ziasch/Arquivo da editora

- AGORA QUE VOCÊ JÁ SABE O NOME DOS BRINQUEDOS, COLE AO LADO DAS PALAVRAS AS FIGURAS CORRETAS QUE ESTÃO NO **MATERIAL COMPLEMENTAR**.

2. VAMOS COMPLETAR A PARLENDA COM PALAVRAS QUE RIMAM?

QUEM FOI PARA A **FRANÇA**

PERDEU A ______________________.

QUEM FOI PARA A **BAHIA**

PERDEU A ______________________.

QUEM FOI PARA O **JAPÃO**

PERDEU O ______________________.

DOMÍNIO PÚBLICO.

- AGORA, ESCREVA O NOME DE OUTROS LUGARES E PALAVRAS QUE RIMEM COM ESSES NOMES.

QUEM FOI PARA ______________________

PERDEU ______________________.

QUEM FOI PARA ______________________

PERDEU ______________________.

QUEM FOI PARA ______________________

PERDEU ______________________.

Leninha Lacerda/Arquivo da editora

LEITURA DE IMAGEM

MUITAS BRINCADEIRAS!

TODAS AS CRIANÇAS GOSTAM DE BRINCAR, CERTO? MAS SERÁ QUE TODAS BRINCAM DA MESMA MANEIRA?

VEJA AS IMAGENS ABAIXO E DIGA QUAIS DESTAS BRINCADEIRAS VOCÊ CONHECE E SE VOCÊ JÁ BRINCOU ASSIM.

OBSERVE

Fabio Colombini/Acervo do fotógrafo

MENINA DO POVO GUARANI MBYÁ BRINCANDO DE CAMA DE GATO, EM PARELHEIROS, SÃO PAULO. FOTO DE 2009.

Fábio Colombini/Acervo do fotógrafo

CRIANÇAS DO POVO GUARANI MBYÁ BRINCANDO DE PETECA, EM PARELHEIROS, SÃO PAULO. FOTO DE 2009.

ANALISE

1. COMO É A MENINA DA IMAGEM 1? O QUE ELA USA PARA SE ENFEITAR?

2. QUAL DAS BRINCADEIRAS MOSTRADAS NAS IMAGENS PRECISA DE MAIS ESPAÇO PARA SER REALIZADA?

☐ CAMA DE GATO ☐ PETECA

3. NA IMAGEM 2, ATRÁS DAS CRIANÇAS, HÁ UMA MORADIA. QUEM VOCÊ IMAGINA QUE MORA LÁ?

____

____

____

4. QUAL DAS DUAS FOTOGRAFIAS FOI TIRADA BEM DE PERTO?

☐ FOTOGRAFIA DA MENINA.

☐ FOTOGRAFIA DAS CRIANÇAS.

RELACIONE

5. DAS BRINCADEIRAS A SEGUIR, MARQUE AQUELAS QUE SÃO COMUNS NO LUGAR ONDE VOCÊ VIVE.

☐ PIQUE-ESCONDE

☐ PULA-SELA

☐ AMARELINHA

☐ MÃE DOS PINTINHOS

CAPÍTULO 3

LETRAS POR TODA PARTE

SOPA DE LETRINHAS

1 VOCÊ CONHECE A BRINCADEIRA **A LETRA É...**? OUÇA A LEITURA DO PROFESSOR E PREPARE-SE PARA BRINCAR!

A LETRA É...

Waldomiro Neto/ Arquivo da editora

É PRECISO PENSAR RÁPIDO PARA NÃO SAIR DA BRINCADEIRA.

TODOS SE SENTAM NO CHÃO, FORMANDO UMA RODA. UM DOS JOGADORES ESCOLHE UMA LETRA E UM TEMA PARA COMEÇAR A BRINCADEIRA. SE A LETRA ESCOLHIDA FOR O **B** E O TEMA, **PAÍS**, CADA JOGADOR DEVERÁ FALAR O NOME DE UM PAÍS QUE COMECE COM A LETRA **B**. POR EXEMPLO: O PRIMEIRO JOGADOR DA RODA FALA "BRASIL", O SEGUINTE, "BOLÍVIA", E ASSIM POR DIANTE.

AQUELE QUE FALAR UM PAÍS ERRADO OU DEMORAR PRA FALAR SERÁ ELIMINADO DO JOGO. O JOGO SEGUE COM A ESCOLHA DE OUTRA LETRA E OUTRO TEMA. GANHARÁ O ÚLTIMO QUE FICAR NA RODA.

ESSE TEXTO FOI RETIRADO DA OBRA **O LIVRO DOS JOGOS, BRINCADEIRAS E BAGUNÇAS DO MENINO MALUQUINHO**, DE ZIRALDO, GUSTAVO LUIZ E MIG. SÃO PAULO: MELHORAMENTOS, 2011. P. 90.

Reprodução/Ed. Melhoramentos

2 IMAGINE QUE O TEMA DA RODADA FOSSE **ANIMAIS** E A LETRA INICIAL FOSSE **C**. QUAIS PALAVRAS PODERIAM SER DITAS? FAÇA UMA LISTA COM OS COLEGAS E O PROFESSOR.

Waldomiro Neto/Arquivo da editora

3 OBSERVE AS IMAGENS. O NOME DE UMA DELAS COMEÇA COM UMA LETRA DIFERENTE DAS DEMAIS. VAMOS DESCOBRIR QUAL É? MARQUE-A COM UM **X**.

AS IMAGENS NÃO ESTÃO REPRESENTADAS EM TAMANHO PROPORCIONAL ENTRE SI.

Sunny Forest/Shutterstock/Glow Images

Artproem/Shutterstock/Glow Images

LanKS/Shutterstock/Glow Images

SP Photo/Shutterstock/Glow mages

- O NOME DE TRÊS DESSAS IMAGENS COMEÇA COM A LETRA:

____

Jiri Hera/Shutterstock/Glow Images

Sponner/Shutterstock/Glow Images

Petr Student/Shutterstock/Glow Images

Nattika/Shutterstock/Glow Images

- O NOME DE TRÊS DESSAS IMAGENS COMEÇA COM A LETRA:

____

4 VOCÊ CONHECE ESTES BRINQUEDOS? CIRCULE O NOME DELES.

Ilustrações: Waldomiro Neto/ Arquivo da editora

ILHA IOIÔ

PATINS PATINETE

URSO URUBU

AVE AVIÃO

DADOS PAPAIA

PEGADA PETECA

LEITURA

O QUE VOCÊ GOSTA DE FAZER QUANDO QUER SE DIVERTIR COM SEUS AMIGOS?

QUAIS SÃO SUAS BRINCADEIRAS PREFERIDAS?

ACOMPANHE A LEITURA DAS REGRAS DESSE JOGO.

TRILHA DAS PALAVRAS

Waldomiro Neto/ Arquivo da editora

PARTICIPANTES

DE 2 A 6 JOGADORES

COMO JOGAR

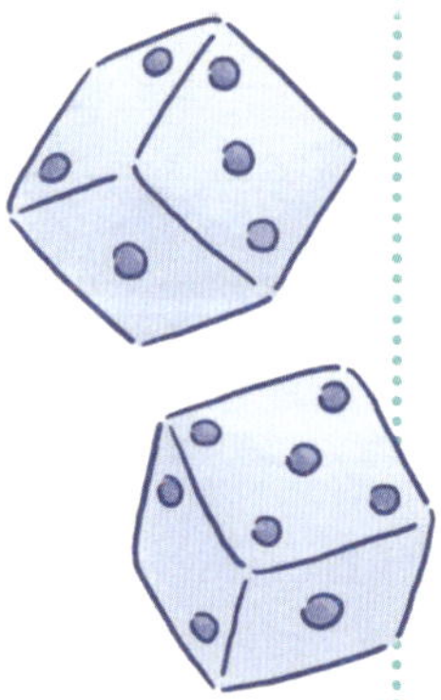

1. RECORTE DO **MATERIAL COMPLEMENTAR** A TRILHA DAS PALAVRAS, O DADO E AS CARTAS.
2. ESCOLHA UM MARCADOR PARA REPRESENTÁ-LO NO JOGO.
3. TODOS OS JOGADORES DEVERÃO LANÇAR O DADO. QUEM TIRAR O MAIOR NÚMERO COMEÇA O JOGO, E ASSIM POR DIANTE.
4. O PRIMEIRO JOGADOR LANÇA O DADO E, COM O MARCADOR, ANDA O NÚMERO DE CASAS QUE O DADO INDICAR.
5. SE O MARCADOR PARAR EM UMA CASA COM UMA IMAGEM, O JOGADOR DEVE PEGAR A CARTA COM O MESMO NÚMERO DA CASA E DIZER QUAL DAS TRÊS PALAVRAS CORRESPONDE À IMAGEM DA CASA. SE ACERTAR, AVANÇA UMA CASA; SE ERRAR, RETORNA AO COMEÇO DO JOGO.
6. VENCE O JOGADOR QUE CHEGAR PRIMEIRO AO FINAL DA TRILHA.

ATIVIDADES

1 VOCÊ GOSTOU DE BRINCAR COM ESSE JOGO?

2 NO SEU GRUPO, QUEM FOI O VENCEDOR DO JOGO? ESCREVA O NOME DELE.

____

3 QUANTOS JOGADORES PODEM BRINCAR EM UMA PARTIDA?

____

4 O QUE ESSE TEXTO ENSINA?

- [ ] COMO FAZER UM BOLO.
- [ ] COMO FAZER UM BRINQUEDO.
- [ ] COMO BRINCAR COM UM JOGO.

5 VOCÊ ACHA QUE SERIA POSSÍVEL BRINCAR COM ESSE JOGO SEM ANTES CONHECER AS REGRAS?

6 ONDE MAIS PODERÍAMOS ENCONTRAR UM TEXTO COMO ESSE?

Waldomiro Neto/Arquivo da editora

MERGULHO NA ESCRITA

1 LUCAS VAI TELEFONAR AOS AMIGOS PARA CONVIDÁ-LOS PARA BRINCAR COM UM JOGO NOVO QUE ELE GANHOU. VEJA A AGENDA TELEFÔNICA DE LUCAS.

Waldomiro Neto/Arquivo da editora

A) PINTE DE  A PRIMEIRA LETRA DO NOME DE CADA AMIGO DE LUCAS.

B) COPIE A LETRA INICIAL DE CADA NOME NOS QUADRINHOS.

OS NOMES QUE APARECEM NA AGENDA DE LUCAS ESTÃO ORGANIZADOS EM **ORDEM ALFABÉTICA**, ISTO É, ELES SEGUEM A ORDEM DO ALFABETO.

2 ONDE MAIS PODERÍAMOS USAR A ORDEM ALFABÉTICA?

A) CONVERSE COM OS COLEGAS E O PROFESSOR.

B) DEPOIS, REGISTRE SUAS DESCOBERTAS.

3 QUE TAL REORGANIZAR A LISTA DE ALUNOS DA SUA CLASSE? PARA ISSO, SIGA AS ORIENTAÇÕES DO PROFESSOR.

4 ESCREVA OS NOMES ABAIXO EM ORDEM ALFABÉTICA.

VÍTOR MARIA FÁBIO SIMONE ARTUR LAURA FERNANDA

MEUS TEXTOS

REGRA DE JOGO

PLANEJAMENTO

1 COM OS COLEGAS, ESCOLHA UMA BRINCADEIRA DE QUE TODOS GOSTEM. ESCREVA O NOME DELA.

____

2 COMO VOCÊ EXPLICARIA ESSA BRINCADEIRA PARA UM COLEGA QUE NÃO A CONHECE?

3 AGORA, VAMOS ESCREVER COMO É ESSA BRINCADEIRA? FAÇA DESENHOS PARA ILUSTRAR.

ESCRITA

PARTICIPANTES

____

____

____

COMO JOGAR

Waldomiro Neto/Arquivo da editora

RECREIO

1. VOCÊ SABE O TELEFONE DE TODOS OS SEUS AMIGOS? COMO VOCÊ FARIA SE QUISESSE LIGAR PARA ELES?

2. VOCÊ VAI FAZER UMA AGENDA COM OS CONTATOS DOS SEUS AMIGOS E FAMILIARES. PARA NÃO ESQUECER NINGUÉM, FAÇA UMA LISTA COM O NOME DELES, COLOCANDO-OS EM ORDEM ALFABÉTICA.

A	G
B	**H**
C	**I**
D	**J**
E	**K**
F	**L**

M	T
N	**U**
O	**V**
P	**W**
Q	**X**
R	**Y**
S	**Z**

Ilustrações: Simone Ziasch/Arquivo da editora

- AGORA, DESTAQUE AS FOLHAS DO **MATERIAL COMPLEMENTAR** E SIGA AS ORIENTAÇÕES DO PROFESSOR.

ATIVIDADES DO CAPÍTULO

1. QUAL É O SEU LIVRO FAVORITO? FALE SOBRE ELE COM SEUS COLEGAS: QUEM LEU ESSE LIVRO PARA VOCÊ? SOBRE O QUE É A HISTÓRIA?

- EM SEGUIDA, ESCREVA O NOME DO LIVRO.

____

2. VEJA ESTES LIVROS ABAIXO.

A) VOCÊ CONHECE ALGUM DELES?

B) ESCREVA AS PALAVRAS QUE FALTAM NO TÍTULO DESTES LIVROS.

MENINA	OLHA	PINÓQUIO	UMA

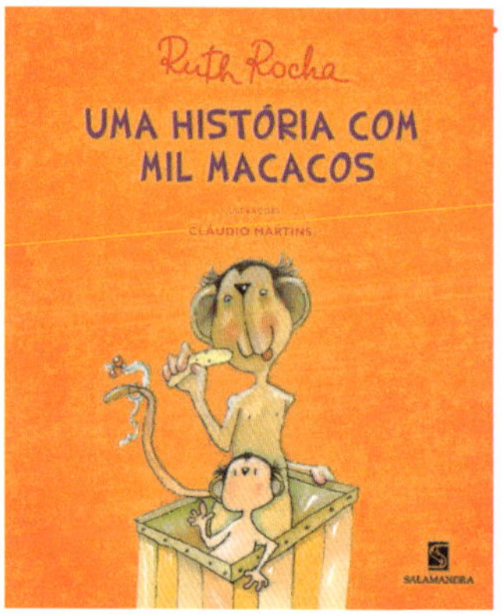

Reprodução/Ed. Salamandra

__________ HISTÓRIA COM MIL MACACOS

Reprodução/Ed. Ática

__________ O BICHO

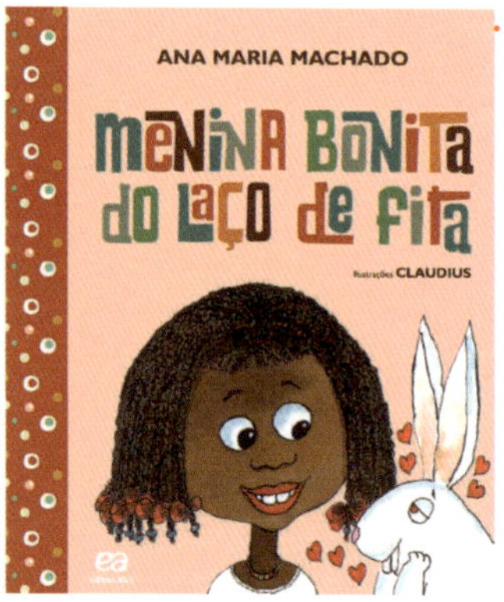

Reprodução/Ed. Ática

__________ BONITA DO LAÇO DE FITA

Reprodução/Ed. Scipione

____

3. VAMOS ORGANIZAR EM ORDEM ALFABÉTICA OS LIVROS NA ESTANTE? DESTAQUE DO **MATERIAL COMPLEMENTAR** AS FIGURAS COM CAPAS DOS LIVROS E COLE-AS NO LOCAL CERTO DA ESTANTE.

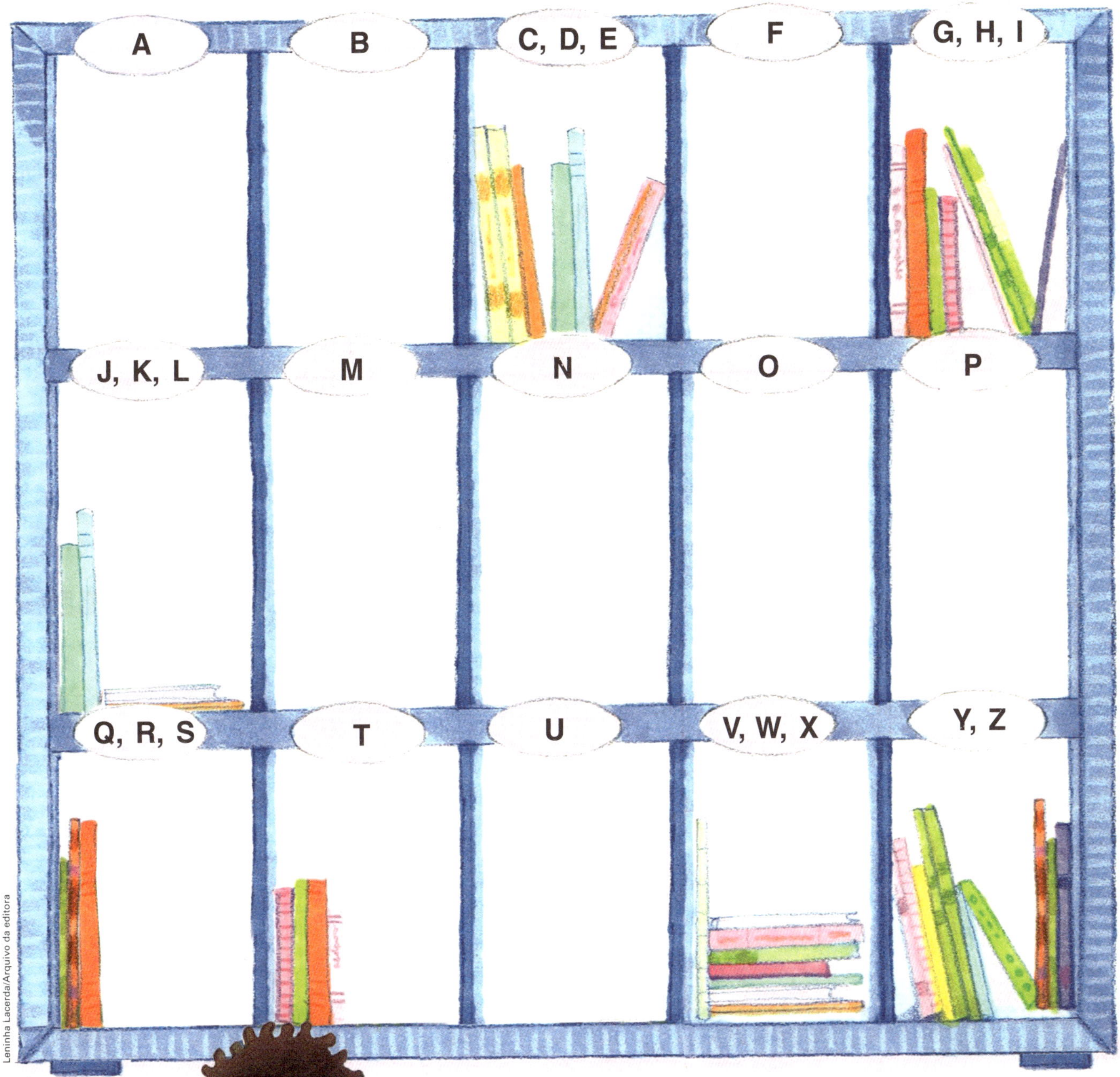

Leninha Lacerda/Arquivo da editora

O QUE APRENDI?

Illumination Entertainment/Universal Pictures

1. NO COMEÇO DO LIVRO, VOCÊ RESPONDEU SE CONHECER COISAS NOVAS PODIA SER ALGO DIVERTIDO. E AGORA? SUA OPINIÃO AINDA É A MESMA?

2. OS MINIONS ESTÃO EM UMA FESTA, LEMBRA? ESCREVA O NOME DE ALGUNS DOCES E SALGADOS QUE PODEMOS ENCONTRAR EM FESTAS.

3. CONTE QUANTAS LETRAS CADA PALAVRA TEM E ESCREVA O RESULTADO NOS QUADRINHOS.

☐ PIPA ☐ BICICLETA

☐ BAMBOLÊ ☐ CARRINHO

- AGORA, ESCREVA O NOME DOS BRINQUEDOS EM ORDEM ALFABÉTICA.

____

____

____

____

4. CANTE ESSA PARLENDA COM OS COLEGAS. DEPOIS, USE CORES DIFERENTES PARA PINTAR AS DUPLAS DE PALAVRAS QUE RIMAM.

HOJE É DOMINGO,
PEDE CACHIMBO
O CACHIMBO É DE BARRO,
BATE NO JARRO
O JARRO É DE OURO,
BATE NO TOURO
O TOURO É VALENTE,
BATE NA GENTE
A GENTE É FRACO,
CAI NO BURACO
O BURACO É FUNDO,
ACABOU-SE O MUNDO.

DOMÍNIO PÚBLICO.

Waldomiro Neto/Arquivo da editora

UNIDADE 2

MUNDO ANIMAL

Bruno Nunes/Arquivo da editora

- VOCÊ CONHECE TODOS ESTES ANIMAIS?
- QUAIS DELES VOCÊ JÁ VIU?
- O QUE ELES ESTÃO FAZENDO?
- SERÁ QUE ELES SÃO AMIGOS?

CAPÍTULO

4 RIMANDO COM OS BICHOS

SOPA DE LETRINHAS

1 O PROFESSOR VAI FAZER A LEITURA DE UM POEMA EM QUE APARECE O NOME DE DOIS ANIMAIS.

O PATO E O GATO

VEIO O GATO E DEU UM BOTE
PRA PEGAR PATO VADIO.
O PATO SUBIU NO BOTE,
FOI REMANDO E FUGIU!

Mathias Towsend/Arquivo da editora

Reprodução/Ed. Moderna

ESSE TEXTO FAZ PARTE DO LIVRO **POR ENQUANTO EU SOU PEQUENO**, DE PEDRO BANDEIRA. SÃO PAULO: MODERNA, 2009.

- PROCURE NO TEXTO O NOME DOS ANIMAIS E ESCREVA-OS.

____

____

2 EM GRUPO, DISCUTAM COM OS COLEGAS COMO É A RELAÇÃO DE CONVÍVIO ENTRE O GATO E O PATO. É UMA RELAÇÃO DE AMIZADE OU DE RIVALIDADE? POR QUE O GATO QUERIA ATACAR O PATO?

3 VOCÊ CONHECE ANIMAIS QUE NÃO CONVIVEM BEM COM OUTROS? QUAIS?

4 TROCANDO APENAS UMA LETRA DA PALAVRA **BOLA**, FORME OUTRAS PALAVRAS.

AS IMAGENS NÃO ESTÃO REPRESENTADAS EM TAMANHO PROPORCIONAL ENTRE SI.

jannoon028/Shutterstock/Glow Images

MaraZe/Shutterstock/Glow Images

Candace Hartley/Shutterstock/Glow Images

BOLA	BOL______	B______LA

5 OUÇA A ADIVINHA E PINTE A RESPOSTA CORRETA.

O QUE É, O QUE É...?

FOI FEITA PARA ANDAR,

MAS NÃO ANDA?

Mathias Towsend/Arquivo da editora

RATO | RUA | REI

6 DESEMBARALHE AS LETRAS E ESCREVA O NOME DOS ANIMAIS.

C O M A A C

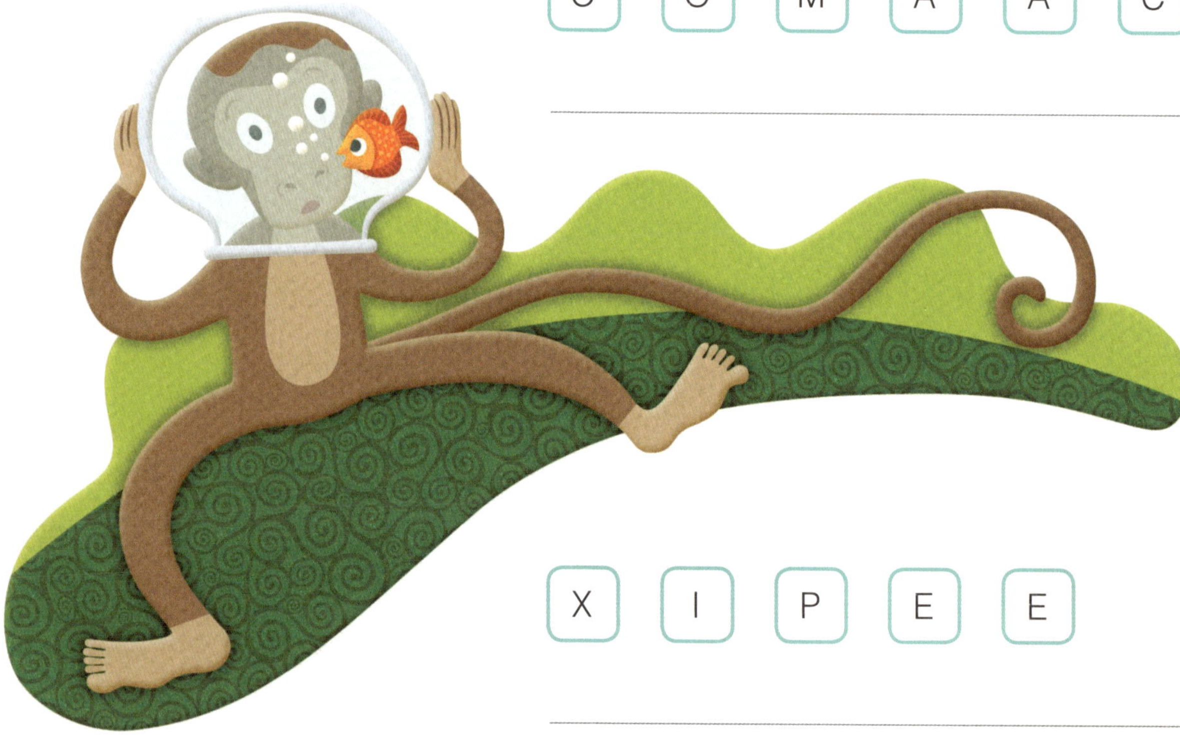

Patrícia Lima/Arquivo da editora

____

X I P E E

____

7 OBSERVE AS FOTOS DOS ANIMAIS E CIRCULE O NOME DELES.

AS IMAGENS NÃO ESTÃO REPRESENTADAS EM TAMANHO PROPORCIONAL ENTRE SI.

Eric Isselee/Shutterstock/Glow Images

VIOLA

VERÃO

VACA

VIDA

disapier/Shutterstock/Glow Images

GALO

GALINHA

GATO

GORILA

8 ESCREVA O NOME DESTES ANIMAIS.

CARACOL	CACHORRO	CAMELO

Ilustrações: Patricia Lima/ Arquivo da editora

9 AGORA, ESCREVA O NOME DESTES ANIMAIS.

TUBARÃO	LEÃO	PAVÃO

A) COMO TERMINA O NOME DESSES ANIMAIS?

____

B) NA SALA DE AULA HÁ NOMES QUE TERMINAM DO MESMO JEITO? PROCURE NA LISTA DE NOMES E ESCREVA-OS.

____

____

____

LEITURA

VOCÊ SABE COMO FAZER O ELEFANTE FICAR ELEGANTE?
E O RATO, COMO TRANSFORMÁ-LO EM OUTRO BICHO?

Luna/Arquivo da editora

LETRA MÁGICA

QUE PODE FAZER VOCÊ
PARA O ELEFANTE
TÃO DESELEGANTE
FICAR ELEGANTE?
ORA, TROQUE O **F** POR **G**!

MAS SE TROCAR, NO RATO,
O **R** POR **G**,
TRANSFORMA-O VOCÊ
(VEJA QUE PERIGO!)
NO SEU PIOR INIMIGO:
O GATO.

ESSE POEMA FAZ PARTE DO LIVRO **POEMAS PARA BRINCAR**, DE JOSÉ PAULO PAES. SÃO PAULO: ÁTICA, 2011. P. 9.

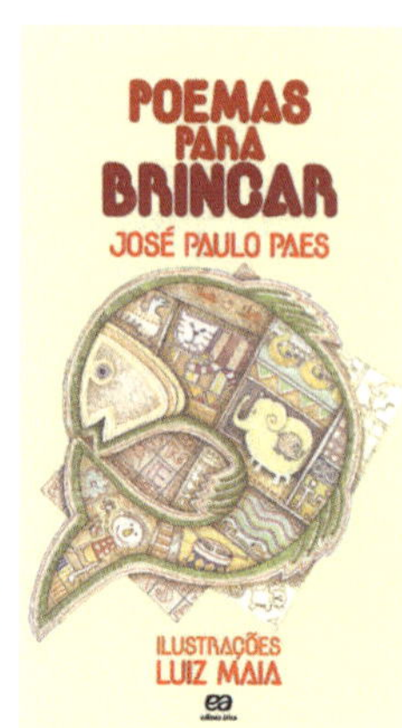

Reprodução/Ed. Ática

ATIVIDADES

1. AGORA QUE VOCÊ CONHECEU O POEMA **LETRA MÁGICA**, POR QUE VOCÊ ACHA QUE ELE TEM ESSE NOME?

2. COMPLETE:

   O ELEFANTE FICOU ______________________.

   O RATO SE TRANSFORMOU EM UM ______________.

3. VOCÊ ACHA QUE O GATO E O RATO NÃO PODERIAM SER AMIGOS? POR QUÊ?

4. NO POEMA, PINTE COM A MESMA COR AS PALAVRAS QUE RIMAM, ISTO É, QUE TERMINAM COM SONS PARECIDOS.

5. SE O POETA TROCASSE A LETRA **R** DO **RATO** PELA LETRA **P**, QUE NOME DE ANIMAL ELE FORMARIA? ESCREVA E DESENHE.

____

Luna/Arquivo da editora

MERGULHO NA ESCRITA

AS IMAGENS NÃO ESTÃO REPRESENTADAS EM TAMANHO PROPORCIONAL ENTRE SI.

1 DESTAQUE DO **MATERIAL COMPLEMENTAR** OS ITENS COM O NOME DOS ANIMAIS E COLE-OS ABAIXO DAS FOTOS.

Nagel Photography/Shutterstock/ Glow Images

Anekoho/Shutterstock/Glow Images

Andrey_Kuzmin/Shutterstock/Glow Images

Pal Teravagimov/Shutterstock/Glow Images

Four Oaks/Shutterstock/Glow Images

2 OS ANIMAIS ACIMA TÊM O NOME INICIADO POR LETRAS QUE CHAMAMOS DE **VOGAIS**. ESCREVA O NOME DELES ABAIXO DA VOGAL CORRETA.

A

E

I

O

U

EM NOSSO ALFABETO HÁ CINCO LETRAS CHAMADAS DE **VOGAIS**:

A E I O U

AS OUTRAS LETRAS DO ALFABETO SÃO CHAMADAS DE **CONSOANTES**:

B C D F G H J K L M N P Q R S T V W X Y Z

3 OUÇA A LEITURA QUE O PROFESSOR VAI FAZER DE UM POEMA.

EU ACORDO O MUNDO INTEIRO,
GRITO ALTO E NÃO CALO!
SOU DE TODOS O PRIMEIRO!
COCORICÓ! SOU O GALO!

ESSE POEMA FAZ PARTE DO LIVRO **RIMAS DE NINAR**, DE TATIANA BELINKY. SÃO PAULO: ÁTICA, 2009.

Patricia Lima/Arquivo da editora

- PINTE NO POEMA AS PALAVRAS QUE O PROFESSOR DITAR.

4 ESCREVA O NOME DO ANIMAL. SE PRECISAR, CONSULTE O POEMA.

____

5 COMPLETE O NOME DOS ANIMAIS COM AS VOGAIS QUE ESTÃO FALTANDO.

AS IMAGENS NÃO ESTÃO REPRESENTADAS EM TAMANHO PROPORCIONAL ENTRE SI.

Dario Marelli/Shutterstock/Glow Images

G____RAFA

smereka/Shutterstock/Glow Images

C____VAL____

Mogens Trolle/Shutterstock/Glow Images

Z____BRA

Cherkas/Shutterstock/Glow Images

P____RCO

MEUS TEXTOS

POEMA

PREPARAÇÃO

1 ACOMPANHE A LEITURA QUE O PROFESSOR FARÁ DO POEMA DE ELIAS JOSÉ.

Patrícia Lima/Arquivo da editora

A CASA E O SEU DONO

ESSA CASA É DE CACO
QUEM MORA NELA É O MACACO.

ESSA CASA TÃO BONITA
QUEM MORA NELA É A CABRITA.

ESSA CASA É DE CIMENTO
QUEM MORA NELA É O JUMENTO.

ESSA CASA É DE TELHA
QUEM MORA NELA É A ABELHA.

ESSA CASA É DE LATA
QUEM MORA NELA É A BARATA.

ESSA CASA É ELEGANTE
QUEM MORA NELA É O ELEFANTE.

E DESCOBRI DE REPENTE
QUE NÃO FALEI EM CASA DE GENTE.

ESSE POEMA FAZ PARTE DO LIVRO **LUA NO BREJO COM NOVAS TROVAS**, DE ELIAS JOSÉ. PORTO ALEGRE: PROJETO. 2007.

Reprodução/Ed. Projeto

- AGORA, ENCONTRE NO POEMA AS PALAVRAS QUE **RIMAM** E COPIE-AS.

______________ E ______________

______________ E ______________

______________ E ______________

______________ E ______________

______________ E ______________

______________ E ______________

______________ E ______________

2 ESCOLHA DOIS NOMES DE COLEGAS E PENSE EM COMO SERIAM SUAS CASAS. LEMBRE-SE DE QUE AS PALAVRAS DEVEM RIMAR. VEJA OS EXEMPLOS.

ESSA CASA É UM **CORAÇÃO**
QUEM MORA NELA É O **JOÃO**

ESSA CASA É **AMARELA**
QUEM MORA NELA É A **DANIELA**

ESSA CASA É ______________
QUEM MORA NELA É ______________

ESSA CASA É ______________
QUEM MORA NELA É ______________

Patricia Lima/Arquivo da editora

REVISÃO

- RELEIA SEUS VERSOS: VOCÊ GOSTOU DELES? AS PALAVRAS RIMAM? CONVERSE COM SEUS COLEGAS SOBRE OS TEXTOS DE VOCÊS.

RECREIO

1. ACOMPANHE A LEITURA DO POEMA E COMPLETE-O COM AS PALAVRAS QUE FALTAM.

O PATO

LÁ VEM O PATO
PATA AQUI, PATA ACOLÁ
LÁ VEM O PATO
PARA VER O QUE É QUE HÁ.
O PATO PATETA
PINTOU O ______________
SURROU A GALINHA
BATEU NO ______________
PULOU DO POLEIRO
NO PÉ DO ______________
LEVOU UM COICE
CRIOU UM ______________
COMEU UM PEDAÇO
DE JENIPAPO
FICOU ENGASGADO
COM DOR NO PAPO
CAIU NO ______________
QUEBROU A ______________
TANTAS FEZ O ______________
QUE FOI PRA ______________.

Ilustrações: Simone Ziasch/Arquivo da editora

ESSE POEMA FAZ PARTE DO LIVRO **A ARCA DE NOÉ**, DE VINICIUS DE MORAES. SÃO PAULO: COMPANHIA DAS LETRINHAS, 2004. P. 34.

2. AGORA, USE AS LETRAS MÓVEIS E FORME O NOME DOS ANIMAIS QUE APARECEM NO POEMA **O PATO**. ESCREVA OS NOMES NAS LINHAS ABAIXO.

________________ ________________

________________ ________________

3. FALE EM VOZ ALTA O NOME DE CADA FIGURA. QUAL DELAS TEM O NOME QUE RIMA COM O DA IMAGEM EM DESTAQUE? FAÇA UM **X**.

A)

jaroslava V/Shutterstock/Glow Images

OmiStudio/Shutterstock/Glow Images

( )

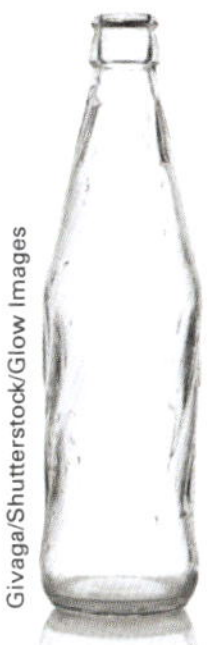
Givaga/Shutterstock/Glow Images

( )

Yeko Photo Studio/Shutterstock/Glow Images

( )

B)

AS IMAGENS NÃO ESTÃO REPRESENTADAS EM TAMANHO PROPORCIONAL ENTRE SI.

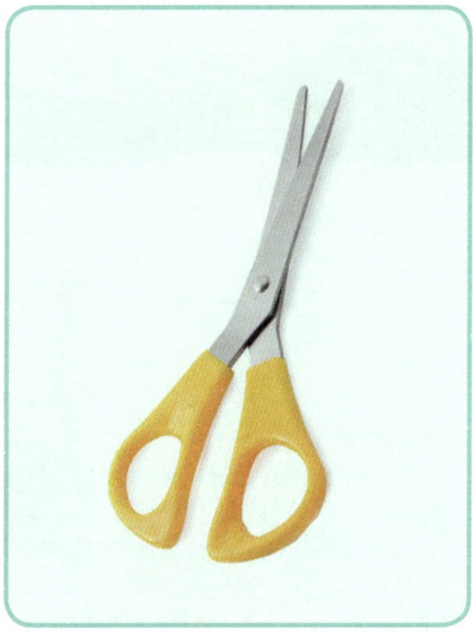
Zvyagintsev Sergey/Shutterstock/Glow Images

Elnur/Shutterstock/Glow Images

( )

Madarakis/Shutterstock/Glow Images

( )

Olinchuk/Shutterstock/Glow Images

( )

ATIVIDADES DO CAPÍTULO

1. OUÇA A LEITURA DO POEMA **MINHA CAMA** E PINTE AS PALAVRAS QUE RIMAM.

MINHA CAMA

UM HIPOPÓTAMO NA BANHEIRA
MOLHA SEMPRE A CASA INTEIRA.

A ÁGUA CAI E SE ESPALHA
MOLHA O CHÃO E A TOALHA.

E O HIPOPÓTAMO: NEM LIGO
ESTOU LAVANDO O UMBIGO.

E LAVA E NUNCA SOSSEGA,
ESFREGA, ESFREGA, ESFREGA

A ORELHA, O PEITO, O NARIZ
AS COSTAS DAS MÃOS, E DIZ:

AGORA VOU DORMIR NA LAMA
POIS É LÁ A MINHA CAMA!

Luna/Arquivo da editora

ESSE POEMA FAZ PARTE DO LIVRO **111 POEMAS PARA CRIANÇAS**, DE SÉRGIO CAPPARELLI. PORTO ALEGRE: L&PM, 2003.

Reprodução/Ed. L&PM

2. PINTE DA MESMA COR AS PALAVRAS QUE TERMINAM COM O MESMO SOM.

BOLA	MOLA	AVIÃO	COLA
SAPATEIRA	CORAÇÃO	TORNEIRA	CADEIRA
CHULÉ	JOÃO	CAFÉ	PÉ

3. COMPLETE AS PALAVRAS COM UMA OU MAIS VOGAIS E FAÇA UM DESENHO QUE REPRESENTE A PALAVRA FORMADA.

BAL ______________________

R ______________________

CAPÍTULO 5

UMA CAPA ANIMAL!

SOPA DE LETRINHAS

AS IMAGENS NÃO ESTÃO REPRESENTADAS EM TAMANHO PROPORCIONAL ENTRE SI.

1 ORGANIZE AS PARTES DAS PALAVRAS PARA FORMAR O NOME DOS ANIMAIS.

catmanc/Shutterstock/Glow Images

GUIM PIN

____

neelsky/Shutterstock/Glow Images

GRE TI

____

Leena Robinson/Shutterstock/Glow Images

LHO E CO

____

Ingo Wagner/dpa/Corbis/Latinstock

CA FO

____

2 COMPLETE A CRUZADINHA COM AS PALAVRAS DO QUADRO. ATENÇÃO PARA O NÚMERO DE LETRAS DE CADA PALAVRA.

4 LETRAS	5 LETRAS	6 LETRAS	8 LETRAS
GALO GATO	ARARA	COELHO CAVALO	CACHORRO

Ilustrações: Waldomiro Neto/Arquivo da editora

3 ESCREVA O NOME DAS FIGURAS. PERCEBA QUE O NOME DELAS COMEÇA SEMPRE COM A ÚLTIMA PARTE DA PALAVRA ANTERIOR. VEJA O EXEMPLO.

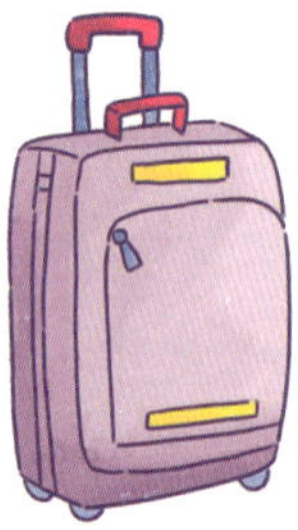

MA**LA**

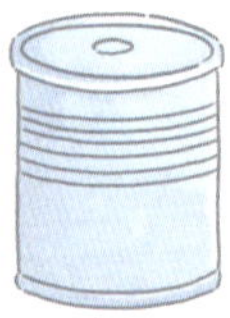

LATA

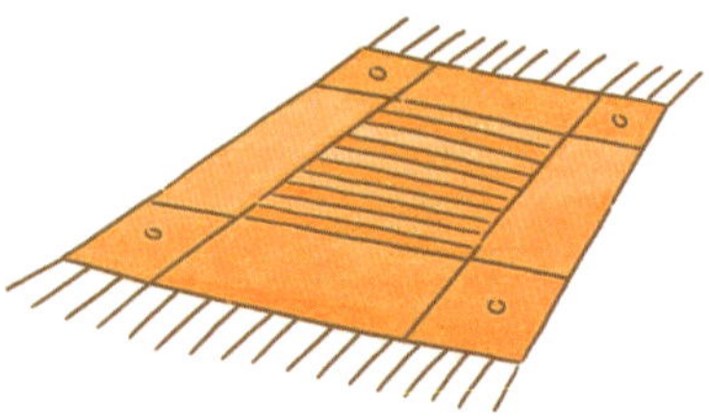

____

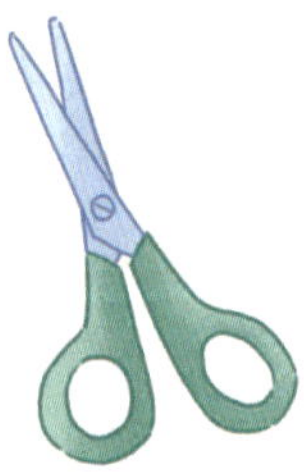

____

____

____

____

____

____

____

____

Ilustrações: Waldomiro Neto/
Arquivo da editora

4 ESCREVA TRÊS PALAVRAS INICIADAS COM AS LETRAS ABAIXO. VEJA O EXEMPLO.

LA	PE
LARANJA	PETECA
______	______
______	______
______	______

5 ENCONTRE NO QUADRO AS PALAVRAS ABAIXO.

Ilustrações: Waldomiro Neto/Arquivo da editora

DADO

BANANA

CARRO

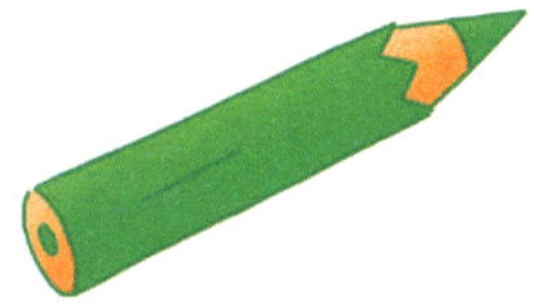

LÁPIS

G	D	B	R	F	L	O	M	U	R	I	Q	L	V	I
R	A	B	E	B	A	N	A	N	A	P	G	Á	A	D
O	D	U	Q	U	I	D	B	Q	X	U	S	P	A	Q
Q	O	N	C	H	M	A	N	L	O	H	B	I	N	C
W	R	I	T	S	C	H	C	F	X	R	O	S	R	T
B	R	U	I	J	L	H	T	B	X	M	N	E	W	R
G	D	B	R	F	L	O	C	A	R	R	O	I	V	L
Z	A	F	E	X	T	N	A	B	Q	P	A	D	U	Z

LEITURA

A IMAGEM ABAIXO É A CAPA DE UM LIVRO.

O QUE VOCÊ VÊ NELA? O QUE APARECE COM MAIS DESTAQUE NESSA CAPA?

ATIVIDADES

1 PELA ILUSTRAÇÃO DA CAPA, COMO VOCÊ IMAGINA QUE SEJA A HISTÓRIA DESSE LIVRO?

2 USANDO LÁPIS DE COR, CIRCULE:

A) DE AZUL O TÍTULO DO LIVRO.

B) DE LARANJA O NOME DA AUTORA.

C) DE VERDE O NOME DA ILUSTRADORA.

D) DE AMARELO O NOME DA EDITORA.

3 VOCÊ ACHA QUE A ILUSTRAÇÃO DA CAPA TEM RELAÇÃO COM O TÍTULO DO LIVRO? POR QUÊ?

4 DAS OPÇÕES ABAIXO, QUE OUTRO TÍTULO VOCÊ ACHA QUE PODERIA TER ESSE LIVRO? ASSINALE COM UM **X**.

- [ ] O GATO LISTRADO
- [ ] O GATO TRAVESSO
- [ ] O GATO COLORIDO
- [ ] O GATO TRISTE
- [ ] O GATO FELIZ
- [ ] O GATO BRANCO

- AGORA, CONTE AOS COLEGAS POR QUE VOCÊ ESCOLHEU ESSE TÍTULO.

Mathias Towsend/Arquivo da editora

MERGULHO NA ESCRITA

1 A CAPA DESTE LIVRO ESTÁ SEM O TÍTULO. DESTAQUE DO **MATERIAL COMPLEMENTAR** OS ITENS COM AS PARTES DO TÍTULO E COLE-OS PARA COMPLETAR A CAPA.

CADA UMA DAS PARTES QUE VOCÊ COLOU PARA FORMAR O TÍTULO DO LIVRO CHAMA-SE **SÍLABA**.

2 FALE EM VOZ ALTA O NOME DESTE ANIMAL E FIQUE ATENTO AO SOM.
EM QUANTAS **PARTES** A PALAVRA FOI DIVIDIDA?

MA | CA | CO

A PALAVRA **MACACO** TEM ☐ SÍLABAS.

Ilustrações: Waldomiro Neto/ Arquivo da editora

3 ESCREVA O NOME DAS FIGURAS COLOCANDO UMA SÍLABA EM CADA QUADRINHO.

☐ ☐

☐ ☐ ☐

☐

☐ ☐ ☐ ☐

MEUS TEXTOS

CAPA DE LIVRO

1 OUÇA A HISTÓRIA QUE O PROFESSOR VAI LER.

2 AGORA, IMAGINE QUE VOCÊ TENHA SIDO CONVIDADO PARA CRIAR UM TÍTULO PARA A HISTÓRIA QUE VOCÊ OUVIU E TAMBÉM PARA ILUSTRAR A CAPA DO LIVRO.

PLANEJAMENTO

3 PARA ISSO:

- INVENTE UM TÍTULO PARA A HISTÓRIA.
- PENSE EM UMA ILUSTRAÇÃO PARA A CAPA. VOCÊ PODE DESENHAR OU FAZER COLAGENS. LEMBRE-SE DE QUE A ILUSTRAÇÃO DEVE TER RELAÇÃO COM A HISTÓRIA QUE VOCÊ OUVIU.
- PREPARE-SE PARA CRIAR A CAPA: FAÇA UM RASCUNHO ANTES DE COMEÇAR.

REVISÃO

4 PENSE SOBRE ESTAS QUESTÕES: VOCÊ GOSTOU DO TÍTULO QUE ESCOLHEU? PLANEJOU COMO FAZER A ILUSTRAÇÃO?

5 FAÇA UM **X** NA TABELA PARA CADA RESPOSTA SUA. DEPOIS FAÇA OS ACERTOS NA CAPA DE LIVRO NA PÁGINA AO LADO.

	SIM	PRECISO FAZER / REFAZER
ESCREVI UM TÍTULO PARA O LIVRO?		
FIZ A ILUSTRAÇÃO?		
ESCREVI O NOME DO AUTOR?		
ESCREVI O NOME DO ILUSTRADOR (MEU NOME)?		

Patricia Lima/Arquivo da editora

MEU TEXTO

6 CRIE A CAPA DO LIVRO NO ESPAÇO ABAIXO.

Patricia Lima/Arquivo da editora

RECREIO

1. COMPLETE A CRUZADINHA COM O NOME DAS FIGURAS. ESCREVA UMA SÍLABA EM CADA QUADRINHO.

CASACO	CAVALO	CARACOL
CAMELO	CAPIVARA	CAMISA

DICA: TODAS AS PALAVRAS COMEÇAM COM A SÍLABA **CA**.

Ilustrações: Simone Ziasch/Arquivo da editora

2. OUÇA AS ADIVINHAS E CIRCULE A RESPOSTA CORRETA.

O QUE É, O QUE É...?
TEM A CINTURA FINA
E A PERNA ALONGADA
TOCA CORNETA
E LEVA BOFETADA?

DOMÍNIO PÚBLICO.

PERNA	PERNILONGO	PERNIL

O QUE É, O QUE É...?
QUE ANDA COM OS PÉS NA CABEÇA?

DOMÍNIO PÚBLICO.

PIOLHO	PIMENTA	PILHA

O QUE É, O QUE É...?
É VERDE E NÃO É PLANTA,
FALA E NÃO É GENTE?

DOMÍNIO PÚBLICO.

Ilustrações: Simone Ziasch/
Arquivo da editora

PAPAI	PAPAGAIO	PAPEL

ATIVIDADES DO CAPÍTULO

1. O PROFESSOR VAI LER INFORMAÇÕES SOBRE TRÊS ANIMAIS QUE VOAM. DESCUBRA O NOME DO ANIMAL E PINTE-O.

AVE GRANDE QUE TEM O BICO FORTE E LONGO.

TATU

TUCANO

TAMANDUÁ

INSETO COM ÓRGÃOS LUMINOSOS, PARECIDOS COM LUZES ACESAS.

VACA

VEADO

VAGA-LUME

INSETO QUE MORA NA COLMEIA E PRODUZ MEL.

ARANHA

ARARA

ABELHA

Ilustrações: Patrícia Lima/Arquivo da editora

2. OBSERVE A CAPA DO LIVRO MOSTRADA ABAIXO.

- ENCONTRE NA CAIXA DE PALAVRAS O NOME DOS ANIMAIS QUE APARECEM NA CAPA DO LIVRO.

W	G	E	A	I	J	L	H	O	B	L
A	F	D	R	R	F	L	O	M	U	G
B	R	C	A	M	E	L	O	W	N	A
E	O	D	N	Q	U	I	D	U	Q	X
L	Q	O	H	C	Q	Y	A	N	L	O
H	A	R	A	T	S	C	H	C	H	Q
A	B	A	N	K	A	S	V	N	G	U
G	E	A	I	J	L	H	L	B	O	X
C	A	R	A	N	G	U	E	J	O	Z
A	G	E	A	I	J	L	Ã	O	B	T
N	F	D	R	R	F	L	O	M	U	U
G	R	T	Q	M	B	W	K	W	N	B
U	O	D	N	Q	U	I	D	U	Q	A
R	Q	C	A	M	A	L	E	Ã	O	R
U	A	R	A	T	S	C	H	C	H	Ã
A	B	A	N	K	A	C	A	N	G	O

LEÃO	TUBARÃO
ABELHA	CAMELO
CAMALEÃO	CANGURU
CARANGUEJO	ARANHA

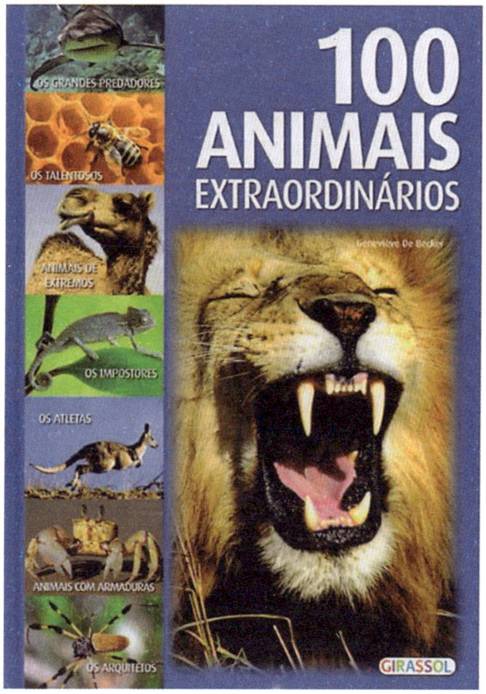

3. ABAIXO HÁ UMA LISTA COM O TÍTULO DE ALGUMAS HISTÓRIAS. PINTE SOMENTE AQUELES EM QUE APARECE O NOME DE ALGUM ANIMAL.

O GATO DE BOTAS	BRANCA DE NEVE
CINDERELA	O PATINHO FEIO
OS TRÊS PORQUINHOS	JOÃO E MARIA

LEITURA DE IMAGEM

CUIDANDO DOS ANIMAIS

TODOS OS ANIMAIS PRECISAM DE CUIDADOS. VOCÊ TEM ALGUM ANIMAL OU CONHECE ALGUÉM QUE TENHA? QUE CUIDADOS ELES RECEBEM?

OBSERVE

Rogério Reis/Pulsar Imagens

HOMEM E CRIANÇA PASSEANDO COM CACHORRO. RIO GRANDE DO SUL, FOTO DE 2011.

Alexander Raths/Shutterstock/ID/BR

CACHORRO RECEBENDO CUIDADOS DE VETERINÁRIA.

ANALISE

1. DESCREVA O LUGAR EM QUE A FOTOGRAFIA 1 FOI TIRADA.

2. AGORA, OBSERVE A FOTOGRAFIA 2. O CACHORRO PARECE ESTAR DOENTE OU SAUDÁVEL?

____

3. EM SUA OPINIÃO, OS ANIMAIS DEVEM SER LEVADOS AO VETERINÁRIO SOMENTE SE ESTIVEREM DOENTES? POR QUÊ?

4. QUAL DAS DUAS FOTOGRAFIAS PARECE TER SIDO TIRADA DE LONGE? EXPLIQUE.

RELACIONE

5. NAS IMAGENS, OBSERVAMOS DOIS TIPOS DE CUIDADOS COM ANIMAIS. NOS ITENS ABAIXO MARQUE OUTROS CUIDADOS QUE DEVEMOS TER COM ELES.

- [ ] LEVAR AO *SHOPPING*.
- [ ] VACINAR.
- [ ] DAR BANHO.
- [ ] OFERECER ALIMENTOS APROPRIADOS.
- [ ] PASSAR PERFUME.
- [ ] CARREGAR SEMPRE NO COLO.

CAPÍTULO

6 APRENDENDO COM OS ANIMAIS

SOPA DE LETRINHAS

1 VOCÊ SABIA QUE EM UMA PALAVRA PODE HAVER OUTRAS PALAVRAS ESCONDIDAS? VEJA:

CAMALEÃO

CAMA

AMA

LEÃO

Ilustrações: Leninha Lacerda/Arquivo da editora

SOLDADO

SOL

DADO

TOURO

OURO

- AGORA É A SUA VEZ DE ENCONTRAR PALAVRAS ESCONDIDAS. VAMOS LÁ? ESCREVA-AS NOS QUADROS ABAIXO.

CHUVA

PIOLHO

ESCOLA

MACACO

MAMÃO

SAPATO

CASA

Ilustrações: Leninha Lacerda/ Arquivo da editora

2 USE AS LETRAS MÓVEIS PARA FORMAR O NOME DOS ANIMAIS. DEPOIS, ESCREVA-OS.

AS IMAGENS NÃO ESTÃO REPRESENTADAS EM TAMANHO PROPORCIONAL ENTRE SI.

Du Zuppani/Pulsar Imagens

Andrey Pavlov/Shutterstock/Glow Images

Jason Steel/Shutterstock/Glow Images

Lightpoet/Shutterstock/Glow Images

Joost van Uffelen/Shutterstock/Glow Images

Matt Howard/Shutterstock/Glow Images

3 O PROFESSOR VAI DIZER O NOME DE ALGUNS ANIMAIS. ENCONTRE-OS NA LISTA E CIRCULE-OS.

ANTA	MACACO
ARARA	MINHOCA
ABELHA	LAGARTO
ONÇA	LOBO
OVELHA	PAPAGAIO
CORUJA	PERIQUITO
COELHO	BORBOLETA
TAMANDUÁ	BALEIA
TARTARUGA	GOLFINHO
TUCANO	GALINHA
RAPOSA	SAPO
RATO	SIRI

Leninha Lacerda/Arquivo da editora

LEITURA

VOCÊ ACHA QUE UM PEQUENO RATINHO É CAPAZ DE AJUDAR UM LEÃO GRANDE E FORTE? COMO? ACOMPANHE A HISTÓRIA QUE O PROFESSOR IRÁ LER.

O LEÃO E O RATINHO

O REI DAS SELVAS DORMIA SOB A SOMBRA DE UM CARVALHO. APROVEITANDO A OCASIÃO, UM BANDO DE RATOS RESOLVEU PASSAR POR CIMA DELE PARA ENCURTAR CAMINHO.

— VAMOS, VAMOS, NÃO HÁ TEMPO A PERDER — DISSE O LÍDER DO BANDO.

QUANDO FALTAVA APENAS UM RATO PASSAR, O LEÃO ACORDOU E PRENDEU-O DEBAIXO DE SUA PATA.

— POR FAVOR, MAJESTADE DAS SELVAS, NÃO ME ESMAGUE! — IMPLOROU O RATINHO.

— E VOCÊ TEM ALGUMA BOA RAZÃO PARA QUE EU NÃO FAÇA ISSO?

— BEM... TALVEZ UM DIA EU POSSA AJUDÁ-LO — DISSE O RATINHO.

O LEÃO DEU UMA SONORA GARGALHADA:

— VOCÊ? MINÚSCULO DESSE JEITO? ESSA É BOA!

— POR FAVOR, POR FAVOR, POR FAVOR, NÃO ME ESMAGUE! — INSISTIU O RATINHO.

DIANTE DE TAMANHA INSISTÊNCIA, O LEÃO, QUE ESTAVA MESMO COM O ESTÔMAGO CHEIO, DEIXOU QUE O RATINHO SE FOSSE.

ALGUNS DIAS DEPOIS, O LEÃO FICOU PRESO NUMA REDE DEIXADA NA FLORESTA POR ALGUNS CAÇADORES. FEZ DE TUDO PARA SE SOLTAR, MAS NÃO CONSEGUIU. SEUS URROS DE RAIVA FIZERAM A TERRA TREMER. AO OUVI-LOS, O RATINHO VEIO EM SEU SOCORRO. COM SEUS DENTES PEQUENINOS E AFIADOS, ROEU AS CORDAS DA REDE E SOLTOU O LEÃO.

UMA BOA AÇÃO GANHA OUTRA.

PEQUENOS AMIGOS PODEM SER GRANDES AMIGOS.

ESSA FÁBULA FAZ PARTE DO LIVRO **FÁBULAS DE ESOPO**, DE JEAN DE LA FONTAINE. ADAPTAÇÃO DE LÚCIA TULCHINSKI. SÃO PAULO: SCIPIONE, 2007. P. 8.

ATIVIDADES

1 PROCURE NA CENA OS PERSONAGENS DA HISTÓRIA QUE VOCÊ OUVIU E CIRCULE-OS.

Ilustrações: Mathias Towsend/Arquivo da editora

- AGORA ESCREVA O NOME DOS PERSONAGENS.

2 VOCÊ GOSTOU DO FINAL DA HISTÓRIA? POR QUÊ?

3 O QUE VOCÊ ACHOU DA ATITUDE DO LEÃO AO DECIDIR NÃO ESMAGAR O RATINHO? VOCÊ TEM O COSTUME DE AJUDAR OS OUTROS QUANDO ELES PRECISAM? AS PESSOAS COSTUMAM AJUDAR QUEM AS AJUDA?

4 VAMOS NUMERAR AS CENAS NA ORDEM EM QUE ACONTECERAM NA HISTÓRIA.

Ilustrações: Mathias Townsend/Arquivo da editora

☐

"SEUS URROS DE RAIVA FIZERAM A TERRA TREMER. AO OUVI-LOS, O RATINHO VEIO EM SEU SOCORRO."

☐

"DIANTE DE TAMANHA INSISTÊNCIA, O LEÃO, QUE ESTAVA MESMO COM O ESTÔMAGO CHEIO, DEIXOU QUE O RATINHO SE FOSSE."

☐

"— POR FAVOR, POR FAVOR, POR FAVOR, NÃO ME ESMAGUE! – INSISTIU O RATINHO."

☐

"QUANDO FALTAVA APENAS UM RATO PASSAR, O LEÃO ACORDOU E PRENDEU-O DEBAIXO DE SUA PATA."

☐

"ALGUNS DIAS DEPOIS, O LEÃO FICOU PRESO NUMA REDE DEIXADA NA FLORESTA POR ALGUNS CAÇADORES."

☐

"COM SEUS DENTES PEQUENINOS E AFIADOS, ROEU AS CORDAS DA REDE E SOLTOU O LEÃO."

MERGULHO NA ESCRITA

1 OUÇA NOVAMENTE O INÍCIO DA FÁBULA **O LEÃO E O RATINHO**.

O REI DAS SELVAS DORMIA SOB A SOMBRA DE UM CARVALHO. APROVEITANDO A OCASIÃO, UM BANDO DE RATOS RESOLVEU PASSAR POR CIMA DELE PARA ENCURTAR CAMINHO.

Ilustrações: Leninha Lacerda/Arquivo da editora

- AGORA PINTE:

A) DE [amarelo] OS ESPAÇOS ENTRE AS PALAVRAS.

B) DE [vermelho] OS SINAIS DE PONTUAÇÃO.

NOS TEXTOS, USAMOS OS **SINAIS DE PONTUAÇÃO** PARA ORGANIZAR AS FRASES. CONHEÇA ALGUNS SINAIS DE PONTUAÇÃO:

.	PONTO-FINAL	**,**	VÍRGULA
?	PONTO DE INTERROGAÇÃO	**!**	PONTO DE EXCLAMAÇÃO

2 ACOMPANHE A LEITURA DA CANTIGA ABAIXO.

- FAÇA TRAÇOS PARA SEPARAR UMA PALAVRA DA OUTRA.

SEEUFOSSEUMPEIXINHO
ESOUBESSENADAR
EUTIRAVAAJÚLIA
DOFUNDODOMAR

DOMÍNIO PÚBLICO.

3 ACOMPANHE A LEITURA DESTA OUTRA CANTIGA.

O SAPO NÃO LAVA O PÉ
NÃO LAVA PORQUE NÃO QUER
ELE MORA LÁ NA LAGOA
NÃO LAVA O PÉ
PORQUE NÃO QUER
MAS QUE CHULÉ!

DOMÍNIO PÚBLICO.

Ilustrações: Leninha Lacerda/Arquivo da editora

- AGORA, RESPONDA À QUESTÃO. A LEITURA FOI FEITA:

☐ DA ESQUERDA PARA A DIREITA.

☐ DA DIREITA PARA A ESQUERDA.

☐ DE CIMA PARA BAIXO.

☐ DE BAIXO PARA CIMA.

MEUS TEXTOS

FINAL DE FÁBULA – APRESENTAÇÃO ORAL

1 OUÇA A LEITURA DE PARTE DE UMA FÁBULA.

A LEBRE E A TARTARUGA

A LEBRE VIVIA A SE GABAR DE QUE ERA O MAIS VELOZ DE TODOS OS ANIMAIS. ATÉ O DIA EM QUE ENCONTROU A TARTARUGA.

— EU TENHO CERTEZA DE QUE, SE APOSTARMOS UMA CORRIDA, SEREI A VENCEDORA – DESAFIOU A TARTARUGA.

A LEBRE CAIU NA GARGALHADA.

— UMA CORRIDA? EU E VOCÊ? ESSA É BOA!

— POR ACASO VOCÊ ESTÁ COM MEDO DE PERDER? — PERGUNTOU A TARTARUGA.

— É MAIS FÁCIL UM LEÃO CACAREJAR DO QUE EU PERDER UMA CORRIDA PARA VOCÊ — RESPONDEU A LEBRE.

NO DIA SEGUINTE, A RAPOSA FOI ESCOLHIDA PARA SER JUÍZA DA PROVA. BASTOU DAR O SINAL DA LARGADA PARA A LEBRE DISPARAR NA FRENTE A TODA VELOCIDADE. A TARTARUGA NÃO SE ABALOU E CONTINUOU NA DISPUTA. A LEBRE ESTAVA TÃO CERTA DA VITÓRIA QUE RESOLVEU TIRAR UMA SONECA.

"SE AQUELA MOLENGA PASSAR NA MINHA FRENTE, É SÓ CORRER UM POUCO QUE EU A ULTRAPASSO." — PENSOU.

[...]

ESSA FÁBULA FAZ PARTE DO LIVRO **FÁBULAS DE ESOPO**, DE JEAN DE LA FONTAINE. ADAPTAÇÃO DE LÚCIA TULCHINSKI. SÃO PAULO: SCIPIONE, 2007. P. 32.

2 COMO SERÁ QUE TERMINOU ESSA CORRIDA? VAMOS ESCOLHER UM FINAL PARA A HISTÓRIA?

PLANEJAMENTO

- QUEM VOCÊ ACHA QUE VENCEU A CORRIDA? DESTAQUE DO **MATERIAL COMPLEMENTAR** UM DOS FINAIS PARA A HISTÓRIA E COLE-O ABAIXO.
- PENSE EM COMO VOCÊ CONTARIA ESSA HISTÓRIA COM O FINAL QUE VOCÊ ESCOLHEU. CONTE-O AO SEU PROFESSOR.
- PREPARE-SE PARA APRESENTAR O FINAL ESCOLHIDO PARA SEUS COLEGAS. MOSTRE SUA COLAGEM E FALE DEVAGAR COMO FOI O FINAL QUE VOCÊ IMAGINOU.

Fabiana Faiallo/Arquivo da editora

RECREIO

1. OBSERVE A CENA COM ATENÇÃO E ENCONTRE DEZ ANIMAIS.

2. COM AS LETRAS MÓVEIS, FORME O NOME DELES E, DEPOIS, ESCREVA-OS.

Simone Ziasch/Arquivo da editora

ATIVIDADES DO CAPÍTULO

1. ESCREVA O NOME DOS PERSONAGENS DA FÁBULA **A LEBRE E A TARTARUGA**. DEPOIS, NO QUADRO AO LADO DO PERSONAGEM, ESCREVA O NOME DE OUTROS ANIMAIS QUE COMECEM COM A MESMA LETRA.

Ilustrações: Fabiana Faiallo/Arquivo da editora

2. ACOMPANHE A LEITURA DO POEMA.

RIMINHAS

UM FANTASMA
COM ASMA.

UMA LOMBRIGA
COM DOR DE BARRIGA.

Ilustrações: Fabiana Faiallo/Arquivo da editora

UM ANJO
TOCANDO BANJO.

UMA CHUVA
DE SUCO DE UVA.

UM MACACO
VESTINDO UM CASACO.

E UM FINAL
COM TCHAU TCHAU!

ESSE POEMA FAZ PARTE DO LIVRO **ZUM-ZUM-ZUM E OUTRAS POESIAS**, DE LALAU E LAURABEATRIZ. SÃO PAULO: COMPANHIA DAS LETRINHAS, 2011. P. 46.

A) PINTE COM LÁPIS DE COR OS ESPAÇOS ENTRE AS PALAVRAS.

B) CONTE AS PALAVRAS E, DEPOIS, ESCREVA NOS QUADRINHOS QUANTAS PALAVRAS HÁ EM CADA LINHA.

C) ENCONTRE PALAVRAS ESCONDIDAS DENTRO DAS PALAVRAS DO POEMA E CIRCULE-AS.

O QUE APRENDI?

Ilustrações: Bruno Nunes/Arquivo da editora

1. LIGUE OS ANIMAIS AO NOME DAS HISTÓRIAS EM QUE ELES APARECEM.

O LEÃO E O RATINHO

A LEBRE E A TARTARUGA

2. VOCÊ CONSEGUE LEMBRAR EM QUE TEXTOS DO CAPÍTULO OS OUTROS ANIMAIS DA CENA APARECERAM? COM OS COLEGAS, TENTE DIZER.

3. FAÇA UMA LISTA COM O NOME DE TODOS OS ANIMAIS DA CENA.

______________________ ______________________

______________________ ______________________

______________________ ______________________

______________________ ______________________

______________________ ______________________

______________________ ______________________

4. EM UM DOS BALÕES DE FALA QUE APARECEM NA CENA, HÁ DUAS PALAVRAS QUE RIMAM. QUAIS SÃO ELAS?

[ ] [ ]

5. COMPLETE COM AS LETRAS QUE ESTÃO FALTANDO O NOME DESSES POEMAS QUE VOCÊ CONHECEU.

Luna/Arquivo da editora

MINH___ CAM___

O P___T___

Simone Ziasch/Arquivo da editora

Patrícia Lima/Arquivo da editora

A C___S___ E

O SEU DON___

Mathias Towsend/Arquivo da editora

O P___T___ E O

G___T___

- AS LETRAS QUE VOCÊ USOU PARA COMPLETAR OS NOMES SÃO:

[ ] CONSOANTES. [ ] VOGAIS.

UNIDADE 3

O SABOR DAS PALAVRAS

COLHEITA DE FRUTAS, AQUARELA DE XIA XUEMING, 1998.

Red Lantern Folk Art, 1998, Mukashi Collection.

- O QUE VOCÊ VÊ NESTA IMAGEM?
- COMO SÃO AS PESSOAS QUE APARECEM NELA?
- O QUE VOCÊ ACHA QUE ELAS ESTÃO FAZENDO?

CAPÍTULO 7

QUE DELÍCIA!

SOPA DE LETRINHAS

1 VOCÊ CONHECE A PARLENDA **COMIDA BRASILEIRA**?

A) SENTE-SE EM CÍRCULO COM A TURMA PARA BRINCAR.

Fabiana Faiallo/Arquivo da editora

VAI COMEÇAR A BRINCADEIRA

DA COMIDA BRASILEIRA

SÓ BATE PALMA SE FOR COMIDA

ARROZ, FEIJÃO, MACARRÃO,

BATATA, BARATA...

DOMÍNIO PÚBLICO.

B) CIRCULE AS PALAVRAS QUE O PROFESSOR DITAR.

2 VOCÊ SABE QUAL É A COMIDA PREFERIDA DE SEUS COLEGAS? QUE TAL DESCOBRIR? ESCOLHA TRÊS COLEGAS PARA ENTREVISTAR. ESCREVA AS RESPOSTAS DELES NO QUADRO.

NOME	COMIDA PREFERIDA

3 CIRCULE O NOME DO ALIMENTO DA FOTO.

AS IMAGENS NÃO ESTÃO REPRESENTADAS EM TAMANHO PROPORCIONAL ENTRE SI.

SORTEIO

SOLA

SOL

SORVETE

M. Unal Ozmen/Shutterstock/Glow Images

PÉ

PÃO

PIA

PANO

Julia Ivantsova/Shutterstock/Glow Images

MACA

MAMÃO

MACARRÃO

MAÇÃ

Lisovskaya Natalia/Shutterstock/Glow Images

ABACATE

ABELHA

ABACAXI

ABAIXO

R. Gino Santa Maria/Shutterstock/Glow Images

CHAVE

CHOCOLATE

CHAMINÉ

CHUVA

Aaron Amat/Shutterstock/Glow Images

AMOR

ARRUDA

ARROZ

AROMA

Highviews/Shutterstock/Glow Images.

4 VOCÊ GOSTA DE COMER SALADA? DE QUÊ?

AJUDE O PROFESSOR A FAZER UMA LISTA DE INGREDIENTES QUE PODEM SER USADOS PARA FAZER UMA DELICIOSA SALADA.

5 AGORA, ESCREVA OS INGREDIENTES DE SUA SALADA PREFERIDA.

Patricia Lima/Arquivo da editora

6 VOCÊ CONHECE ESTA CANTIGA? LEIA E CIRCULE O NOME DOS ALIMENTOS QUE APARECEM NELA.

VAI ABÓBORA, VAI MELÃO

VAI ABÓBORA, VAI MELÃO
VAI MELÃO, VAI MELANCIA
VAI ABÓBORA, VAI MELÃO
VAI MELÃO, VAI MELANCIA

VAI JAMBO, SINHÁ
VAI JAMBO, SINHÁ
VAI DOCE, VAI COCADINHA
QUEM QUISER APRENDER A DANÇAR
VAI À CASA DO JUQUINHA
QUEM QUISER APRENDER A DANÇAR
VAI À CASA DA JULINHA

ELES PULAM
ELES RODAM
ELES FAZEM REQUEBRADINHA

DOMÍNIO PÚBLICO.

Patrícia Lima/Arquivo da editora

LEITURA

OBSERVE A OBRA DE ARTE A SEGUIR. O QUE VOCÊ VÊ?

Album/akg-images/Akg-Images/Latinstock

Patrícia Lima/Arquivo da editora

CESTA DE FRUTAS, DE GIUSEPPE ARCIMBOLDO, 1580.

ATIVIDADES

1. VOCÊ JÁ VIU UMA OBRA DE ARTE COMO ESSA ANTES? VOCÊ GOSTOU DE DESCOBRIR QUE HAVIA A REPRESENTAÇÃO DE UM ROSTO AO VIRAR O LIVRO DE CABEÇA PARA BAIXO? CONTE AOS COLEGAS O QUE ACHOU.

2. IMAGINE QUAL É O NOME DESSA OBRA. DEPOIS, TENTE LER A LEGENDA COM A AJUDA DO PROFESSOR.

3. ESCREVA O NOME DAS FRUTAS QUE O ARTISTA USOU PARA REPRESENTAR:

A) AS BOCHECHAS.

____

____

B) O NARIZ.

____

____

C) OS CABELOS.

____

____

D) A BOCA.

____

____

Patricia Lima/Arquivo da editora

MERGULHO NA ESCRITA

1 NA OBRA DE ARTE QUE VOCÊ CONHECEU HAVIA ALGUMAS FRUTAS. VEJA:

AS IMAGENS NÃO ESTÃO REPRESENTADAS EM TAMANHO PROPORCIONAL ENTRE SI.

Topseller/Shutterstock/Glow Images

PE	RA

baibaz/Shutterstock/Glow Images

MA	ÇÃ

Elenadesign/Shutterstock/Glow Images

U	VA

Ivaylo Ivanov/Shutterstock/Glow Images

CE	RE	JA

- REPARE QUE CADA SÍLABA DAS PALAVRAS ESTÁ EM UM QUADRINHO. PINTE:

A) DE A SÍLABA INICIAL DAS PALAVRAS.

B) DE A SÍLABA FINAL DAS PALAVRAS.

2 COMPLETE O NOME DAS FIGURAS COM A SÍLABA FINAL. CONSULTE O QUADRO.

VRO	LO	BUS	XI	NE	FO

Ilustrações: Patricia Lima/ Arquivo da editora

TELEFO ______

LI ______

ABACA ______

GAR ______

CASTE ______

ÔNI ______

3 FALE EM VOZ ALTA O NOME DESTAS FIGURAS. QUAL É O NOME QUE **NÃO** COMEÇA COM A MESMA SÍLABA? ASSINALE COM UM **X**.

A)

☐

☐

☐

B)

☐

☐

☐

MEUS TEXTOS

OBRA DE ARTE

VAMOS CRIAR UMA OBRA DE ARTE USANDO IMAGENS DE FRUTAS E LEGUMES, ASSIM COMO FEZ O ARTISTA ARCIMBOLDO?

PLANEJAMENTO

1. OBSERVE OS ADESIVOS DO **MATERIAL COMPLEMENTAR** E IMAGINE QUE FIGURA VOCÊ PODERIA FORMAR COM ELES.

2. USE A FOLHA DO **MATERIAL COMPLEMENTAR** PARA FAZER UM ESBOÇO A LÁPIS DA FIGURA QUE VOCÊ PRETENDE FORMAR.

3. DESTAQUE OS ADESIVOS.

4. ANTES DE COLAR, COLOQUE OS ADESIVOS DESTACADOS SOBRE O ESBOÇO E VERIFIQUE SE CONSEGUE FORMAR A SUA FIGURA.

5. PENSE EM UM TÍTULO PARA SUA OBRA DE ARTE E ESCREVA UMA LEGENDA PARA ELA.

Leninha Lacerda/Arquivo da editora

REVISÃO

6 OBSERVE SUA OBRA DE ARTE E FAÇA UM **X** NA TABELA PARA CADA RESPOSTA. AO FINALIZAR, LEMBRE-SE DE FAZER OS ACERTOS NECESSÁRIOS E, POR FIM, COLAR OS ADESIVOS.

	SIM	**PRECISO FAZER/REFAZER**
CONSEGUI FORMAR UMA FIGURA?		
ESCREVI O TÍTULO DA MINHA OBRA DE ARTE?		
ESCREVI O NOME DO ARTISTA (MEU NOME) NA LEGENDA?		
COLOQUEI O ANO DE CRIAÇÃO DA OBRA?		

MEUS TEXTOS

DEPOIS DE TUDO PRONTO, VAMOS FAZER UMA EXPOSIÇÃO COM AS OBRAS DE ARTE DE TODA A CLASSE.

CONVIDEM ALUNOS DE OUTRAS SALAS, PAIS E OUTROS PROFESSORES PARA APRECIÁ-LAS!

Leninha Lacerda/Arquivo da editora

RECREIO

1. ACOMPANHE A LEITURA DE UM TEXTO SOBRE O ARTISTA QUE PINTOU O QUADRO QUE VOCÊ CONHECEU.

Erich Lessing/Album/Album Art/Latinstock

AUTORRETRATO, DE GIUSEPPE ARCIMBOLDO, 1575.

GIUSEPPE ARCIMBOLDO CRIOU VÁRIOS RETRATOS DIVERTIDOS USANDO FLORES, FRUTAS E OUTROS ELEMENTOS DA NATUREZA COMO SE FOSSEM PEÇAS DE UM QUEBRA-CABEÇA.

PARA MONTAR SUAS FIGURAS, ARCIMBOLDO TAMBÉM USOU ANIMAIS. HÁ QUADROS EM QUE CAVALOS, ELEFANTES, OVELHAS E OUTROS BICHOS FORMAM A ORELHA, O NARIZ, O CABELO, O PESCOÇO E OUTRAS PARTES DO CORPO DE UM HOMEM. PARA CONSEGUIR ESSE RESULTADO, ELE OBSERVAVA AS FIGURAS POR MUITO TEMPO E ESCOLHIA COM CUIDADO CADA UMA DAS PEÇAS DO SEU DESENHO.

[...]

ESSE TEXTO FOI RETIRADO DO **LIVRO ALMANAQUE ÁTICA-RECREIO**. SÃO PAULO: ÁTICA, 2011. P. 69. (ADAPTADO).

Simone Ziasch/Arquivo da editora

Erich Lessing/Album/Album Art/Latinstock

A TERRA, DE GIUSEPPE ARCIMBOLDO, 1570.

2. VEJA MAIS UMA OBRA DE ARTE DE ARCIMBOLDO.

Erich Lessing/Album/Album Art/Latinstock

O JARDINEIRO, DE GIUSEPPE ARCIMBOLDO, 1590.

A) FAÇA UMA LISTA DOS LEGUMES QUE VOCÊ ENCONTRA NELA.

B) AGORA, OBSERVE A IMAGEM DE PONTA-CABEÇA. O QUE VOCÊ VÊ?

ATIVIDADES DO CAPÍTULO

1. COMPLETE AS PALAVRAS COM AS SÍLABAS QUE ESTÃO FALTANDO.

Alex Uralsky/Shutterstock/ Glow Images

ABACA ______

Swapan Photography/Shutterstock/ Glow Images

______ CA

AS IMAGENS NÃO ESTÃO REPRESENTADAS EM TAMANHO PROPORCIONAL ENTRE SI.

Alfredo Franco/ Arquivo da editora

JABUTICA ______

Tatiana Popova/Shutterstock/ Glow Images

______ MORA

2. AGORA, ESCREVA AS PALAVRAS NA CRUZADINHA, COLOCANDO UMA SÍLABA EM CADA QUADRINHO.

Leninha Lacerda/Arquivo da editora

3. EM CADA GRUPO, PINTE A FIGURA QUE TEM O NOME INICIADO PELA SÍLABA DESTACADA.

LI

CA

MO

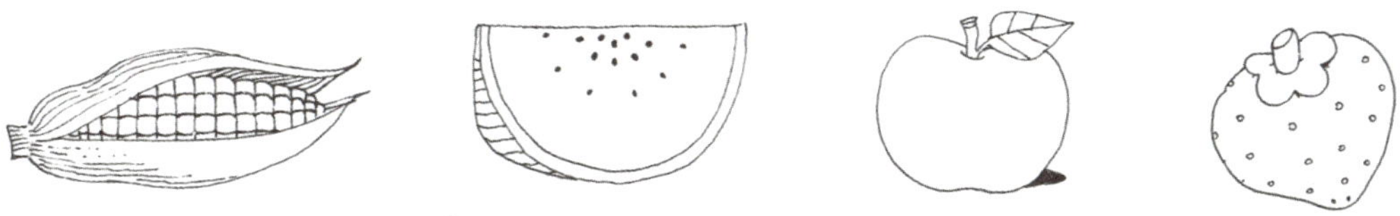

Ilustrações: Leninha Lacerda/ Arquivo da editora

4. DESCUBRA AS RESPOSTAS DAS ADIVINHAS E PINTE-AS.

A) O QUE É, O QUE É...?

TEM COROA E NÃO É REI,

TEM ESCAMAS E NÃO É PEIXE?

DOMÍNIO PÚBLICO.

ABACATE | ABACAXI | ABÓBORA

B) O QUE É, O QUE É...?

UMA CASINHA BRANCA

SEM PORTA NEM JANELA

DONA CLARA MORA NELA?

DOMÍNIO PÚBLICO.

OUVIDO | OVELHA | OVO

CAPÍTULO

8 NOVOS SABORES

SOPA DE LETRINHAS

1 MARINA E SEU IRMÃO FIZERAM BRIGADEIRO! JÚLIA ADOROU E QUIS APRENDER COMO FAZER TAMBÉM. E AGORA?

Fabiana Faiallo/Arquivo da editora

- FAÇA DE CONTA QUE VOCÊ É A MARINA OU O IRMÃO DELA E TENTE EXPLICAR A UM COLEGA COMO SE FAZ BRIGADEIRO.

2 VEJA OS INGREDIENTES QUE MARINA E SEU IRMÃO USARAM PARA FAZER O BRIGADEIRO.

AS IMAGENS NÃO ESTÃO REPRESENTADAS EM TAMANHO PROPORCIONAL ENTRE SI.

Lasse Kristensen/Shutterstock/Glow Images

LEITE CONDENSADO

Zoonar/Y Bogdanski/Keystone

CHOCOLATE EM PÓ

Dercílio/Arquivo da editora

GEMA DE OVO

de2marco/Shutterstock/Glow Images

CHOCOLATE GRANULADO

Nattika/Shutterstock/Glow Images

MARGARINA

Fabiana Faiallo/Arquivo da editora

- LIGUE CADA INGREDIENTE AO SEU NOME.

3 ESCREVA O NOME DAS FIGURAS USANDO PARTE DAS PALAVRAS QUE ESTÃO AO LADO.

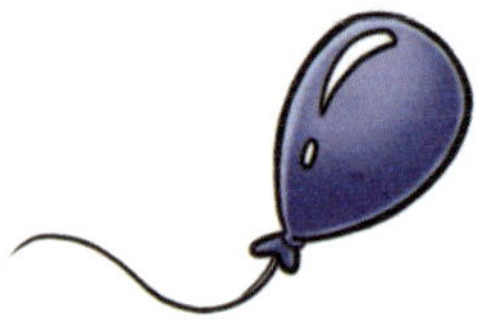

BALÃO → ____

ABACATE → ____

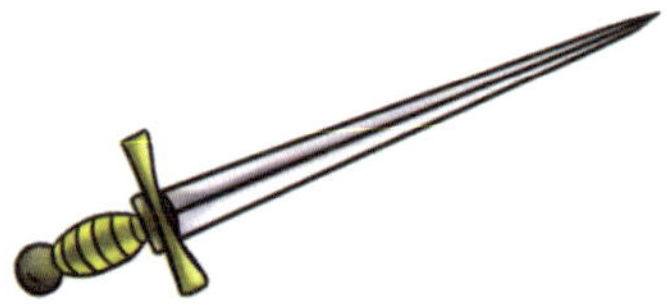

ESPELHO → ____

CABEÇA → ____

PORTÃO → ____

Ilustrações: Fabiana Faiallo/Arquivo da editora

4 COLOQUE AS LETRAS EM ORDEM E ESCREVA O NOME DAS FIGURAS.

ÃPO

MSEA

POCO

PILITRUO

FCAA

AFROG

Ilustrações: Fabiana Faiallo/Arquivo da editora

LEITURA

VOCÊ JÁ VIU ALGUM TEXTO COMO ESTE?
ONDE VOCÊ O ENCONTROU?
SOBRE O QUE VOCÊ ACHA QUE É ESTE TEXTO?

PATÊ DE AZEITONAS

Waldomiro Neto/Arquivo da editora

UTENSÍLIOS

- PROCESSADOR
- XÍCARA DE MEDIDA

INGREDIENTES

1 XÍCARA DE RICOTA FRESCA

1 COLHER DE SOPA DE AZEITE DE OLIVA

1 COLHER DE SOPA DE CREME DE LEITE

2 COLHERES DE SOPA DE AZEITONAS PRETAS SEM CAROÇO

MODO DE PREPARAR

COLOQUE TODOS OS INGREDIENTES NO PROCESSADOR E BATA ATÉ OBTER UM CREME.

DICA: VOCÊ PODE TEMPERAR SEU PATÊ COM ERVAS, COMO MANJERICÃO OU ALECRIM, E ATÉ SUBSTITUIR AS AZEITONAS PRETAS POR QUEIJO PARMESÃO E ERVAS OU TOMATES SECOS PARA OBTER OUTROS SABORES DE PATÊ.

Waldomiro Neto/Arquivo da editora

PROCESSADOR (DE ALIMENTOS): UTENSÍLIO ELÉTRICO DE COZINHA, UTILIZADO PARA CORTAR, FATIAR, MOER E TRITURAR ALIMENTOS.

RICOTA: DERIVADO DE QUEIJO DE CONSISTÊNCIA MACIA, FRESCO E COM POUCA GORDURA.

ESSA RECEITA FAZ PARTE DO LIVRO **DIA DE FESTA: RECEITAS E HISTÓRIAS PARA COMEMORAR**, DE GISELA TOMANIK BERLAND. SÃO PAULO: COMPANHIA EDITORA NACIONAL, 2010. P. 33.

Reprodução/Companhia Editora Nacional

ATIVIDADES

1 A RECEITA QUE VOCÊ CONHECEU SERVE PARA:

- [ ] DIVERTIR QUEM LÊ.
- [ ] INFORMAR SOBRE ALGUM ACONTECIMENTO.
- [ ] ENSINAR A FAZER UM ALIMENTO.

2 VOCÊ JÁ FEZ OU AJUDOU A FAZER ALGUMA RECEITA EM SUA CASA? QUAL?

____

3 O QUE ESSA RECEITA ENSINA A FAZER?

____

4 CIRCULE A COLHER DE SOPA.

Sérgio Dotta/Arquivo da editora

5 EM DUPLA, ESCREVAM O NOME DE ALGUNS DOS INGREDIENTES DA RECEITA.

AS IMAGENS NÃO ESTÃO REPRESENTADAS EM TAMANHO PROPORCIONAL ENTRE SI.

Brent Hofacker/Shutterstock/ Glow Images

Peter Zijlstra/ Shutterstock/ Glow Images

Madlen/Shutterstock/ Glow Images

studiogi/Shutterstock

MERGULHO NA ESCRITA

1 OBSERVE AS LETRAS QUE APARECEM NESTES TEXTOS.

Folha de S.Paulo/Folhapress

Rubens Chaves/Acervo do fotógrafo

Reprodução/Ed. Abril

Waldomiro Neto/Arquivo da editora

Docinhos de chocolate

Ingredientes

2 xícaras de chá de leite em pó

2 xícaras de chá de achocolatado em pó

1 lata de leite condensado

açúcar cristal

Modo de preparar

Misture todos os ingredientes secos e vá acrescentando o leite condensado aos poucos e amassando com as mãos. Faça bolinhas e passe no açúcar cristal.

Sérgio Dotta/Arquivo da editora

NA ESCRITA, PODEMOS USAR DOIS TIPOS DE LETRAS: A **LETRA DE IMPRENSA** E A **LETRA CURSIVA**. VEJA:

LETRA DE IMPRENSA

A B C D E F G H I
a b c d e f g h i

J K L M N O P Q R
j k l m n o p q r

S T U V W X Y Z
s t u v w x y z

Waldomiro Neto/Arquivo da editora

LETRA CURSIVA

A B C D E F G H I
a b c d e f g h i

J K L M N O P Q R
j k l m n o p q r

S T U V W X Y Z
s t u v w x y z

- VOLTE À PÁGINA ANTERIOR E DIGA QUAL DOS TEXTOS ESTÁ ESCRITO COM **LETRA CURSIVA**.

2 VEJA ESTES BILHETES.

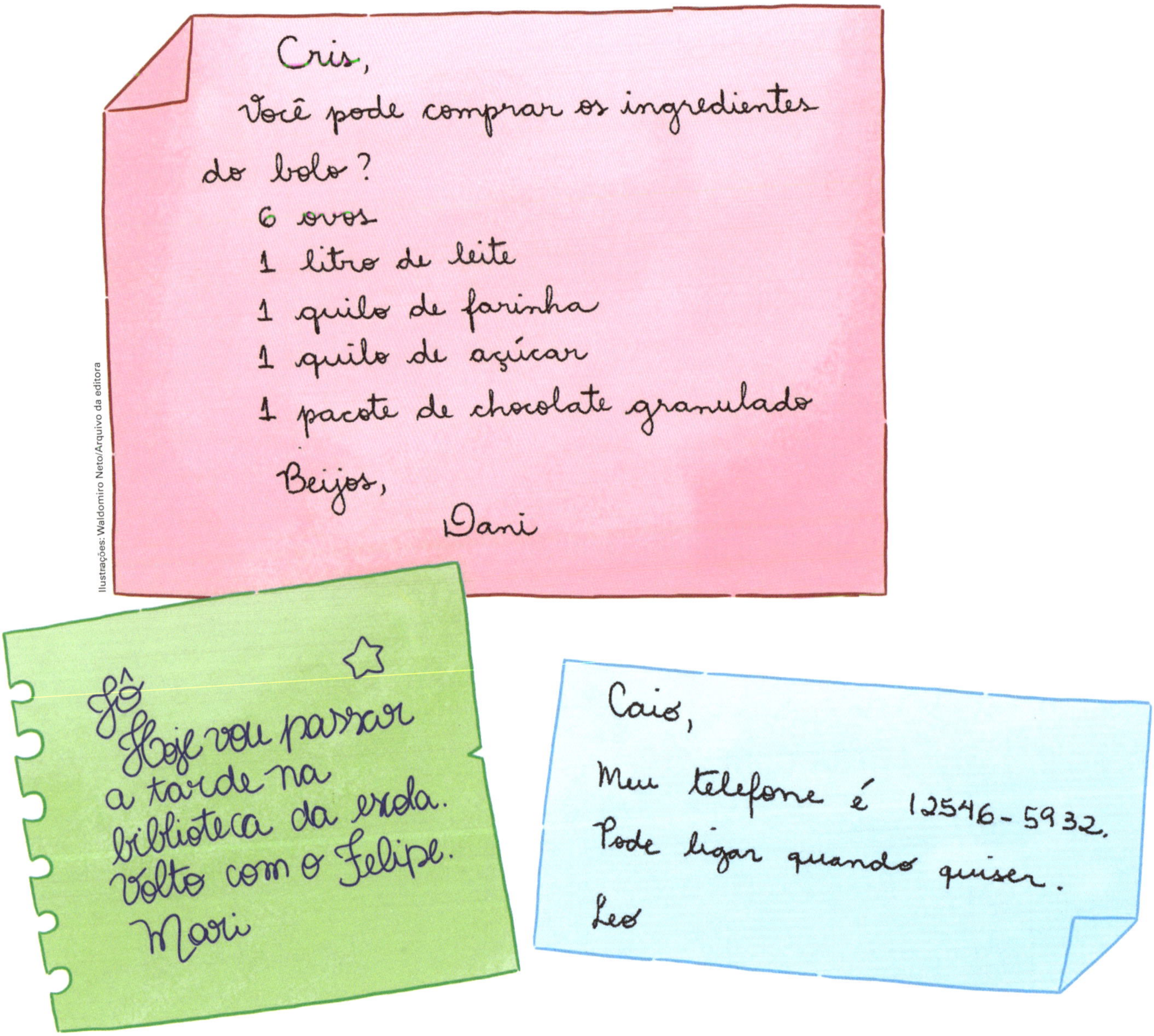
Cris,
Você pode comprar os ingredientes do bolo?
6 ovos
1 litro de leite
1 quilo de farinha
1 quilo de açúcar
1 pacote de chocolate granulado
Beijos,
Dani

Jô
Hoje vou passar a tarde na biblioteca da escola.
Volto com o Felipe.
Mari

Caio,
Meu telefone é 12546-5932.
Pode ligar quando quiser.
Leo

Ilustrações: Waldomiro Neto/Arquivo da editora

A) QUE TIPO DE LETRA FOI USADO NOS BILHETES?

☐ LETRA DE IMPRENSA ☐ LETRA CURSIVA

B) OS BILHETES FORAM ESCRITOS POR DANI, MARI E LEO. TODAS AS PESSOAS TÊM A LETRA IGUAL?

☐ SIM ☐ NÃO

3 LIGUE AS FICHAS COM O MESMO NOME.

XÍCARA	colher	receita
colher	xícara	bolo
receita	bolo	COLHER
BOLO	RECEITA	xícara

4 PINTE DA MESMA COR OS QUADRINHOS COM O MESMO NOME.

Ilustrações: Waldomiro Neto/Arquivo da editora

RATO	gato	dado	GATO
DADO	BOLA	rato	bola

MEUS TEXTOS

LIVRO DE RECEITAS

VAMOS FAZER UM LIVRO DE RECEITAS DA TURMA?

PLANEJAMENTO

1 CONVERSE COM SUA FAMÍLIA E ESCOLHA UMA RECEITA DE ALGUM PRATO QUE SEJA O PREFERIDO EM SUA CASA. COPIE-A OU PEÇA A ALGUM ADULTO QUE A COPIE EM UMA FOLHA AVULSA.

2 FAÇA UM DESENHO QUE MOSTRE COMO O PRATO FICA DEPOIS DE PRONTO.

3 COM OS COLEGAS, COMBINE UM DIA PARA TODOS TRAZEREM SUAS RECEITAS.

Fabiana Faiallo/Arquivo da editora

REVISÃO

4 DEPOIS QUE O RASCUNHO DA RECEITA ESTIVER PRONTO, FAÇA A REVISÃO E PREPARE A VERSÃO FINAL DO TEXTO NA FOLHA DO **MATERIAL COMPLEMENTAR**.

	SIM	PRECISO FAZER/ REFAZER
MINHA RECEITA TEM TÍTULO, INGREDIENTES E MODO DE PREPARAR?		
FIZ O DESENHO DE COMO FICA O PRATO DEPOIS DE PRONTO?		

MEUS TEXTOS

QUANDO TODOS DA CLASSE TIVEREM TRAZIDO AS RECEITAS, SENTEM-SE EM RODA E CONTEM AOS COLEGAS QUAL RECEITA VOCÊS ESCOLHERAM E POR QUÊ.

DEPOIS, MONTEM COM O PROFESSOR O **LIVRO DE RECEITAS DA TURMA**, QUE PASSARÁ A FAZER PARTE DA BIBLIOTECA DA CLASSE.

Fabiana Faiallo/Arquivo da editora

RECREIO

- VOCÊ GOSTA DE *PIZZA*? SABE DE QUE INGREDIENTES PRECISAMOS PARA PREPARAR UMA *PIZZA* DE MUÇARELA?
- USE OS ADESIVOS DO **MATERIAL COMPLEMENTAR** PARA COMPLETAR AS *PIZZAS*. VEJA O EXEMPLO.

Simone Ziasch/Arquivo da editora

ATIVIDADES DO CAPÍTULO

1. DESTAQUE AS CARTAS DO JOGO DA MEMÓRIA DO **MATERIAL COMPLEMENTAR** E JOGUE COM OS COLEGAS.

2. PINTE AS LETRAS NO QUADRO CONFORME O CÓDIGO. LEMBRE-SE DE PINTAR AS DIFERENTES FORMAS DE UMA MESMA LETRA.

A → B → J → M → R → S →

A	r	B	a	M	J	r	b	R	a
R	a	M	s	R	b	M	j	S	R
j	S	J	R	A	J	s	a	J	M
m	R	S	m	R	s	R	B	S	b
B	J	R	B	a	R	A	M	A	S
r	M	A	S	R	j	S	J	B	r
A	J	R	B	A	b	R	A	R	A
J	s	M	R	J	m	b	S	J	S
A	R	A	S	A	s	R	M	R	m
S	B	j	r	B	M	J	b	A	J

3. EM DUPLA, FAÇA UMA LISTA DE RECEITAS DE SEUS PRATOS PREFERIDOS E OS DE SEU COLEGA. DEPOIS, ESCOLHAM UMA DE QUE OS DOIS GOSTAM E CONTEM AOS COLEGAS. USE O TIPO DE LETRA QUE VOCÊ PREFERIR.

MINHAS RECEITAS	**RECEITAS DE** ______________
______________	______________
______________	______________
______________	______________
______________	______________
______________	______________

4. PESQUISE EM REVISTAS E FOLHETOS PALAVRAS ESCRITAS COM DIFERENTES TIPOS DE LETRAS E COLE-AS NO ESPAÇO ABAIXO.

LEITURA DE IMAGEM

CUIDADOS COM A ALIMENTAÇÃO

PARA MANTER A SAÚDE, PRECISAMOS COMER ALIMENTOS VARIADOS E FRESCOS.

VOCÊ JÁ VIU ALGUM ALIMENTO ESTRAGADO? COMO ELE ERA?

O QUE VOCÊ ACHA QUE PODE ACONTECER COM ALGUÉM QUE COME UM ALIMENTO ESTRAGADO?

OBSERVE

Adisa/Shutterstock/ID/BR

Jane Rix/Shutterstock/ID/BR

ANALISE

1 O QUE VOCÊ VÊ NAS DUAS FOTOGRAFIAS?

2 EM QUAL FOTOGRAFIA AS FRUTAS ESTÃO MAIS BONITAS, COM CORES MAIS VIVAS?

___

3 ONDE VOCÊ IMAGINA QUE ESTÃO AS FRUTAS DA FOTOGRAFIA 1? ASSINALE COM UM **X**.

- [ ] NO MERCADO
- [ ] NO POMAR
- [ ] NO LIXO

RELACIONE

4 OBSERVE AS FRUTAS DA FOTOGRAFIA 2.

A) ELAS PODERIAM SER COMIDAS? POR QUÊ?

B) CONVERSE COM SEUS COLEGAS E O PROFESSOR SOBRE ESSE ASSUNTO.

5 O QUE DEVEMOS FAZER PARA MANTER AS FRUTAS EM BOM ESTADO?

- [ ] GUARDÁ-LAS EM LUGAR FRESCO E AREJADO.
- [ ] DEIXÁ-LAS PROTEGIDAS DE MOSCAS E OUTROS ANIMAIS.
- [ ] GUARDÁ-LAS EM LUGAR QUENTE E ÚMIDO.

CAPÍTULO

9 NO POMAR

SOPA DE LETRINHAS

1 VOCÊ GOSTA DE COMER FRUTAS? QUAL É A SUA PREFERIDA? CONTE AOS COLEGAS.

2 AGORA, ESCREVA O NOME DE CINCO FRUTAS QUE VOCÊ GOSTA DE COMER.

Ilustrações: Fabiana Faiallo/Arquivo da editora

3 DAS FRUTAS ABAIXO, QUAL É A PREFERIDA DA CLASSE?

A) DESTAQUE OS ADESIVOS DO **MATERIAL COMPLEMENTAR** E COLE-OS AQUI PARA REGISTRAR. DEPOIS, VERIFIQUE O NÚMERO DE ADESIVOS DE CADA FRUTA E ESCREVA-O NA ÚLTIMA LINHA.

Ilustrações: Fabiana Faiallo/Arquivo da editora

 **MORANGO**	 **BANANA**	 **MAÇÃ**	 **UVA**	 **PERA**
________	________	________	________	________

B) QUAL FRUTA RECEBEU MAIS VOTOS?

____

4 OBSERVE A IMAGEM.

Mazzzur/Shutterstock/Glow Images

Waldomiro Neto/Arquivo da editora

A) QUE FRUTA APARECE NESSA IMAGEM?

____

B) QUAL É O NOME DESSA PLANTA?

____

5 ESCREVA O NOME DAS FRUTAS QUE NASCEM NAS PLANTAS DAS FOTOS ABAIXO.

Lu Mikhaylova/Shutterstock/Glow Images

→ ______

Zhukov/Shutterstock/Glow Images

→ ______

Brykaylo Yuriy/Shutterstock/Glow Images

→ ______

chanwangrong/Shutterstock/Glow Images

→ ______

Ilustrações: Waldomiro Neto/Arquivo da editora

LEITURA

VOCÊ SABE O QUE É UM POMAR?

O QUE SERÁ QUE PODEMOS ENCONTRAR NESSE LUGAR? ACOMPANHE A LEITURA DO PROFESSOR.

POMAR

BANANA, BANANEIRA
GOIABA, GOIABEIRA
LARANJA, LARANJEIRA
MAÇÃ, MACIEIRA
MAMÃO, MAMOEIRO
ABACATE, ABACATEIRO
LIMÃO, LIMOEIRO
TOMATE, TOMATEIRO
CAJU, CAJUEIRO
UMBU, UMBUZEIRO
MANGA, MANGUEIRA
PERA, PEREIRA
AMORA, AMOREIRA
PITANGA, PITANGUEIRA
FIGO, FIGUEIRA
MEXERICA, MEXERIQUEIRA
AÇAÍ, AÇAIZEIRO
SAPOTI, SAPOTIZEIRO
MANGABA, MANGABEIRA
UVA, PARREIRA
COCO, COQUEIRO
INGÁ, INGAZEIRO
JAMBO, JAMBEIRO
JABUTICABA, JABUTICABEIRA

ESSA LETRA DE CANÇÃO FAZ PARTE DO CD **CANÇÕES DE BRINCAR**, DE PALAVRA CANTADA. MCD WORLD MUSIC, 1996.

ATIVIDADES

1 O TEXTO QUE SEU PROFESSOR LEU É A LETRA DE UMA CANÇÃO.

A) ESCREVA O NOME DESSA CANÇÃO.

B) POR QUE A CANÇÃO TEM ESSE NOME?

2 VOCÊ CONHECE TODAS AS FRUTAS CITADAS NA LETRA DA CANÇÃO? QUAL DELAS VOCÊ NÃO CONHECE?

3 ESCREVA O VERSO DA CANÇÃO QUE COMBINA COM ESTAS IMAGENS.

Freer/Shutterstock/Glow Images

T.W. van Urk/Shutterstock/Glow Images

4 QUAL É O NOME DA FRUTA QUE NASCE NA PARREIRA?

- CIRCULE NO TEXTO O NOME DESSA FRUTA.

5 EM TODOS OS NOMES DE PLANTAS, HÁ UMA PARTE QUE SE REPETE: ORA NO FEMININO, ORA NO MASCULINO. QUE PARTE É ESSA? SUBLINHE-AS NO TEXTO.

MERGULHO NA ESCRITA

1 VEJA ALGUMAS DAS FRUTAS QUE APARECEM NA LETRA DA CANÇÃO **POMAR**.

AS IMAGENS NÃO ESTÃO REPRESENTADAS EM TAMANHO PROPORCIONAL ENTRE SI.

Gabriel Nardelli Araujo/Shutterstock/Glow Images,

JABUTICABA

oriori/Shutterstock/Glow Images

MAMÃO

Lim Yong Hian/Shutterstock/Glow Images

GOIABA

v.s.anandhakrishna/Shutterstock/Glow Images

SAPOTI

Pakhnyushcha/Shutterstock/Glow Images

AMORA

Funky Stock/Paul Williams/Alamy/Glow Images

AÇAÍ

A) AGORA, PINTE AS **VOGAIS** DE .

B) PINTE AS **CONSOANTES** DE .

C) CIRCULE AS VOGAIS QUE ESTÃO JUNTAS.

AS IMAGENS NÃO ESTÃO REPRESENTADAS EM TAMANHO PROPORCIONAL ENTRE SI.

2 EM ALGUNS NOMES AS CONSOANTES TAMBÉM APARECEM JUNTAS. VEJA:

urfin/Shutterstock/Glow Images

PRATO

Sergii Figurnyi/Shutterstock/Glow Images

FRUTAS

Beto Chagas/Shutterstock/Glow Images

BRIGADEIRO

shnjr52/Shutterstock/Glow Images

GARFO

- CIRCULE AS CONSOANTES QUE ESTÃO JUNTAS.

3 COMPLETE AS PALAVRAS COM AS CONSOANTES QUE ESTÃO FALTANDO.

CLM/Shutterstock/Glow Images

____ ____ O ____

Paleka/Shutterstock/Glow Images

____ EIA

studioVin/Shutterstock/Glow Images

____ I ____ ____ O

AlexMaster/Shutterstock/Glow Images

____ IO ____ ÃO

MEUS TEXTOS

LETRA DE CANÇÃO

1 ALGUMAS PALAVRAS SÃO FORMADAS A PARTIR DE OUTRAS, COMO VOCÊ VIU NA LETRA DA CANÇÃO **POMAR**.

BANANA → BANANEIRA

- QUE TAL CRIAR UM DECALQUE DA CANÇÃO FAZENDO O MESMO COM OUTRAS PALAVRAS?

PLANEJAMENTO

2 NA PÁGINA AO LADO HÁ UMA LISTA DE PALAVRAS.

- COM OS COLEGAS, PENSE EM OUTRAS PALAVRAS QUE PODERIAM SER CRIADAS A PARTIR DELAS.
- VEJA OS EXEMPLOS:

LIVRO → LIVR**EIRO**
CASA → CAS**EIRO**
FLOR → FLOR**EIRO**

Waldomiro Neto/Arquivo da editora

3 ESCREVA AS PALAVRAS EM QUE VOCÊS PENSARAM, COMPLETANDO O DECALQUE ABAIXO. PENSE COM ATENÇÃO: QUAL PODERIA SER O TÍTULO DESSA MÚSICA?

____

GOL, ________________________________

JORNAL, _____________________________

PASTEL, _____________________________

PEDRA, ______________________________

CHAVE, ______________________________

DOCE, _______________________________

PORTA, ______________________________

CARTA, ______________________________

Waldomiro Neto/Arquivo da editora

REVISÃO

AGORA, FAÇA A REVISÃO DO TEXTO.

	SIM	PRECISO FAZER/ REFAZER
PREENCHI TODOS OS ESPAÇOS COM AS PALAVRAS?		
AS PALAVRAS TERMINAM COM **EIRA / EIRO**?		
COLOQUEI O TÍTULO?		

MEU TEXTO

DEPOIS QUE TODOS TIVEREM ESCRITO AS PALAVRAS, CANTEM A CANÇÃO COM A MESMA MELODIA DA CANÇÃO **POMAR**.

RECREIO

VAMOS COMPLETAR ESTA BANCA DE FRUTAS?

- OBSERVE AS FRUTAS E COLE OS ADESIVOS DO **MATERIAL COMPLEMENTAR** COM O NOME DE CADA UMA DELAS.

Simone Ziasch/Arquivo da editora

ATIVIDADES DO CAPÍTULO

1. OBSERVE AS FRUTAS E ESCREVA O NOME DA PLANTA EM QUE ELAS NASCEM.

AS IMAGENS NÃO ESTÃO REPRESENTADAS EM TAMANHO PROPORCIONAL ENTRE SI.

Y H Lim/Alamy/Glow Images

Maks Narodenko/Shutterstock/Glow Images

Elena Kharichkina/Shutterstock/Glow Images

gresei/Shutterstock/Glow Images

2. FORME OUTRAS PALAVRAS A PARTIR DAS QUE ESTÃO ABAIXO.

COZINHA → ______________________

GALINHA → ______________________

FORMIGA → ______________________

3. OBSERVE ESTA OBRA DA PINTORA TARSILA DO AMARAL. NO TÍTULO DELA HÁ O NOME DE UMA PLANTA QUE APARECE NA CANÇÃO **POMAR** E TAMBÉM NESTA PINTURA. DESCUBRA QUAL É A PLANTA E COMPLETE A LEGENDA.

Keiju Kobayashi/Tarsila do Amaral Empreendimentos/Coleção Mário de Andrade, IEB-USP, São Paulo, SP.

O ___ ___ ___ ___ ___ ___ ___ ___, DE TARSILA DO AMARAL, 1925.

A) QUANTAS LETRAS TEM A PALAVRA QUE VOCÊ ESCREVEU?

____

B) QUANTAS VOGAIS APARECEM NESSA PALAVRA?

____

C) E QUANTAS CONSOANTES?

____

O QUE APRENDI?

Red Lantern Folk Art, 1998, Mukashi Collection.

1. ESTA AQUARELA, ASSIM COMO AS PINTURAS DE ARCIMBOLDO QUE VOCÊ CONHECEU, É UMA:

- [ ] FÁBULA
- [ ] CAPA DE LIVRO
- [ ] CANÇÃO
- [ ] OBRA DE ARTE

2. IMAGINE QUE AS PESSOAS DESSA IMAGEM ESTÃO COLHENDO FRAMBOESAS. QUAL É O NOME DA ÁRVORE EM QUE A FRAMBOESA NASCE?

____

3. IMAGINE QUE AS PESSOAS DA IMAGEM VÃO PREPARAR UMA GELEIA COM AS FRUTAS QUE ESTÃO COLHENDO. PARA FAZER ISSO, ELAS PODERÃO CONSULTAR:

- [ ] UM POEMA
- [ ] UMA RECEITA
- [ ] UM DICIONÁRIO
- [ ] UMA PARLENDA

4. LIGUE O NOME DAS FRUTAS AO NOME DAS PLANTAS EM QUE CADA UMA NASCE.

amora	limoeiro
ABACATE	coqueiro
limão	AMOREIRA
coco	bananeira
BANANA	ABACATEIRO

UNIDADE 4

MUNDO DA FANTASIA

- VOCÊ SABE DE QUE FILME É ESTA CENA?
- ESSA É UMA HISTÓRIA CHEIA DE IMAGINAÇÃO. QUE PERSONAGENS MÁGICOS VOCÊ PODE VER NA IMAGEM?
- VOCÊ CONHECE OUTRAS HISTÓRIAS COM PERSONAGENS ENCANTADOS? QUAIS?

Walt Disney Productions/Screen Prod/Photononstop/Agência France-Presse

CENA DO FILME **PINÓQUIO**, DE NORMAN FERGUSON E OUTROS. ESTADOS UNIDOS: WALT DISNEY, 1940.

CAPÍTULO

10 ERA UMA VEZ...

SOPA DE LETRINHAS

1 OUÇA A HISTÓRIA QUE O PROFESSOR VAI LER. DEPOIS, LIGUE OS PERSONAGENS DO CONTO AO NOME DELES.

LOBO MAU

Ilustrações: Leninha Lacerda/Arquivo da editora

CHAPEUZINHO VERMELHO

VOVÓ

2 CANTE A CANTIGA COM OS COLEGAS E, DEPOIS, COMPLETE-A COM AS PALAVRAS QUE FALTAM. CONSULTE O QUADRO.

TARDINHA	CAMINHO	SOZINHA	MAMÃEZINHA	VOVOZINHA

PELA ESTRADA AFORA, EU VOU BEM ____________________

LEVAR ESSES DOCES PARA A ____________________

A ESTRADA É LONGA, O ____________________

É DESERTO E O LOBO MAU PASSEIA AQUI POR PERTO

MAS À ____________________, AO SOL POENTE

JUNTO À ____________________ DORMIREI CONTENTE

PELA ESTRADA, DE CARLOS ALBERTO FERREIRA BRAGA (BRAGUINHA, JOÃO DE BARRO).

3 COMPLETE AS FRASES COM O NOME DOS PERSONAGENS DO CONTO. CONSULTE O QUADRO.

VOVÓ	LOBO MAU	CHAPEUZINHO VERMELHO

A) 

____

LEVAVA UM LANCHE PARA A ____________________.

B) 

Ilustrações: Leninha Lacerda/Arquivo da editora

O ____________________ ENGOLIU A VOVÓ, DEITOU NA CAMA DELA E FICOU ESPERANDO A CHAPEUZINHO CHEGAR.

4 O PROFESSOR VAI LER ALGUMAS FALAS DO CONTO. PINTE O QUADRINHO COM O NOME DO PERSONAGEM QUE DISSE A FALA.

Ilustrações: Leninha Lacerda/Arquivo da editora

"CHAPEUZINHO, VÁ ATÉ A CASA DE SUA AVÓ E LEVE ESSE LANCHE PARA ELA."

VOVÓ | LOBO MAU | MÃE

"OH, MINHA QUERIDA, QUE BOM QUE VOCÊ VEIO! ENTRE, A PORTA ESTÁ ABERTA."

MÃE | VOVÓ | CHAPEUZINHO VERMELHO

"E POR QUE O SEU NARIZ ESTÁ TÃO GRANDE?"

LOBO MAU | CHAPEUZINHO VERMELHO | MÃE

"É PARA TE CHEIRAR MELHOR, MINHA NETINHA."

VOVÓ | CAÇADOR | LOBO MAU

5 OBSERVE OS PERSONAGENS ABAIXO.

A) VOCÊ CONHECE ALGUM DELES? CONVERSE COM SEUS COLEGAS.

B) PINTE OS QUADRINHOS COM O NOME DAS HISTÓRIAS A QUE OS PERSONAGENS PERTENCEM.

Ilustrações: Leninha Lacerda/Arquivo da editora

A BELA ADORMECIDA

JOÃO E MARIA

O PATINHO FEIO

CINDERELA

CACHINHOS DOURADOS

OS TRÊS PORQUINHOS

6 CIRCULE AS PALAVRAS QUE O PROFESSOR DITAR.

CHUVA	PALHA	CHUVEIRO
CHAVE	MALHA	DINHEIRO
ARANHA	PORQUINHO	FOLHA
ARRANHA	PATINHO	ROLHA

LEITURA

A HISTÓRIA QUE VOCÊ VAI ACOMPANHAR É SOBRE UM LUGAR QUE PRECISAVA DE UMA SOLUÇÃO MÁGICA. COMO SERÁ QUE ISSO ACONTECEU?

MINGAU DOCE

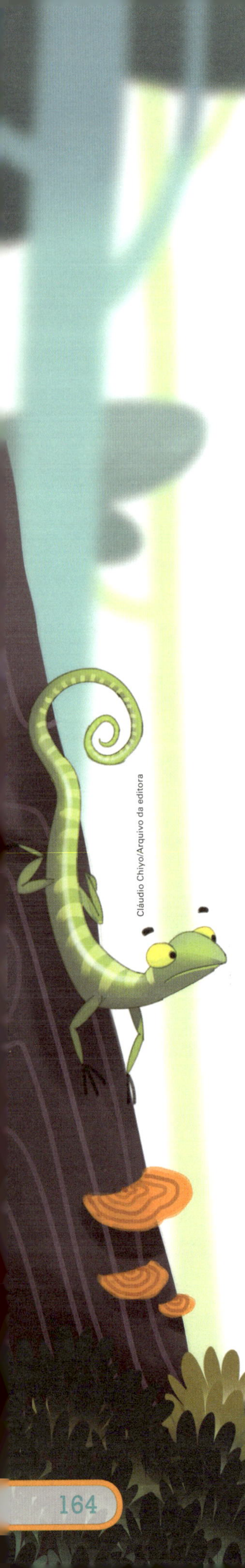
Cláudio Chiyo/Arquivo da editora

ERA UMA VEZ UMA MENINA PEQUENA, FRÁGIL E DE BOM CORAÇÃO. SUA MÃE LUTAVA PARA COLOCAR COMIDA EM CASA. MAS NÃO FOI NEM UMA, NEM DUAS, NEM TRÊS VEZES QUE O PÃO FALTOU NO CASEBRE EM QUE VIVIAM.

UM DIA, A MENINA FOI À FLORESTA COLHER LENHA PARA QUE ELA E A MÃE PUDESSEM SE ESQUENTAR À NOITE. CHEGANDO LÁ, COMEÇOU A SEPARAR OS GALHOS QUE ENCONTRAVA PELO CHÃO. FOI QUANDO, DO MEIO DAS FLORES, SURGIU UMA CRIATURINHA COM ASAS E VARINHA DE CONDÃO. ERA UMA FADA. SIM, UMA FADA MADRINHA, DESSAS DAS HISTÓRIAS DE PRÍNCIPES E PRINCESAS!

— A PARTIR DE HOJE, MENINA, NUNCA MAIS VOCÊ E SUA MÃE PASSARÃO FOME — DISSE A FADA, ENTREGANDO A ELA UMA PANELINHA DE BARRO. — SEMPRE QUE PRECISAREM, É SÓ DIZER AS PALAVRAS MÁGICAS “FAÇA A COMIDA, PANELINHA”, E ELA COZINHARÁ MINGAU. E QUANDO QUISER PARAR, BASTA DIZER AS SEGUINTES PALAVRAS: “É SUFICIENTE, PANELINHA”.

“UM MINGAU QUENTINHO, DOCE E DELICIOSO É TUDO O QUE EU GOSTARIA DE TER SEMPRE NA VIDA”, PENSOU A MENINA.

AO CHEGAR EM CASA, MAIS DO QUE DEPRESSA, PEGOU A PANELINHA E DISSE: “FAÇA A COMIDA, PANELINHA”.

E A PANELINHA COMEÇOU A COZINHAR.

A MENINA E SUA MÃE SABOREARAM O MINGAU COM MUITO APETITE, REPETINDO MAIS DE TRÊS VEZES CADA UMA. QUANDO NÃO AGUENTAVAM MAIS COMER, A MENINA DISSE: “É SUFICIENTE, PANELINHA”. E ELA PAROU.

UM DIA, A MENINA TINHA SAÍDO E A MÃE SENTIU FOME. CERTA DE QUE SE LEMBRARIA DAS PALAVRAS MÁGICAS, DISSE: “FAÇA A COMIDA, PANELINHA”.

E A PANELINHA COMEÇOU A COZINHAR. E COZINHAR. E COZINHAR. A MÃE FOI COMENDO MINGAU, COMENDO MINGAU, COMENDO MINGAU. QUANDO SE FARTOU DE TANTO COMER, DISSE: “É O BASTANTE, PANELINHA”. E A PANELINHA CONTINUOU A FAZER MINGAU, QUE FOI SE ESPALHANDO PELA COZINHA. A MÃE SE DESESPEROU, TENTANDO SE LEMBRAR DAS PALAVRAS CERTAS, MAS TUDO O QUE CONSEGUIU DIZER FOI: “ESTOU SATISFEITA, PANELINHA”. E O MINGAU COMEÇOU A INVADIR A CASA DO VIZINHO. LOGO, TOMAVA A CASA DO OUTRO E DO OUTRO E DO OUTRO. A MÃE GRITAVA: “BASTA, PANELINHA! ESTÁ BOM, PANELINHA! NÃO QUERO MAIS, PANELINHA”.

QUANDO A MENINA CHEGOU, O BAIRRO ESTAVA TOMADO PELO MINGAU, ASSIM COMO A ESTRADA E UMA PARTE DA FLORESTA. PARECIA QUE O MINGAU IRIA ENCHER O MUNDO TODO, COMO SE QUISESSE ALIMENTAR TODOS OS SERES DO UNIVERSO. FOI QUANDO A MENINA DISSE: “É SUFICIENTE, PANELINHA”.

IMEDIATAMENTE A PANELA PAROU DE COZINHAR. MAS QUEM QUISESSE IR À CIDADE, TINHA QUE ANDAR E COMER, COMER E ANDAR ATÉ CHEGAR LÁ.

O CONTO **MINGAU DOCE** FOI ESCRITO E PUBLICADO ORIGINALMENTE PELOS IRMÃOS GRIMM. ESTE RECONTO FOI CRIADO PELA AUTORA E CONTADORA DE HISTÓRIAS CAMILA TARDELLI PARA ESTA PUBLICAÇÃO.

ATIVIDADES

1 A MENINA DESSA HISTÓRIA GANHOU UMA PANELINHA QUE FAZIA SEMPRE UM ALIMENTO. QUAL ERA ELE?

___

2 QUEM AJUDOU A MENINA A RESOLVER SEUS PROBLEMAS?

___

3 PARA VOCÊ, ESSA É UMA HISTÓRIA TRISTE OU FELIZ? POR QUÊ?

4 VOCÊ ACHA QUE A MENINA GOSTOU DE RECEBER UMA PANELINHA MÁGICA? POR QUÊ?

5 EM SUA OPINIÃO, FOI UMA BOA IDEIA A MÃE DA MENINA FALAR O ENCANTAMENTO SEM TER CERTEZA SE SABIA TODAS AS PALAVRAS MÁGICAS? EXPLIQUE.

6 VAMOS FALAR AGORA SOBRE O FINAL DO CONTO.

A) O QUE VOCÊ ACHOU DO FINAL DESSA HISTÓRIA? GOSTOU?

B) VOCÊ ESPERAVA UM FINAL COMO ESSE?

7 O QUE VOCÊ ACHA QUE TERIA ACONTECIDO SE A MENINA NÃO SAÍSSE PARA A FLORESTA EM BUSCA DE LENHA? POR QUÊ?

Cláudio Chiyo/Arquivo da editora

8 VOCÊ REPAROU QUE A FADA MADRINHA TINHA UMA VARINHA MÁGICA? SE VOCÊ TAMBÉM TIVESSE UMA, QUE ENCANTAMENTO GOSTARIA DE FAZER? ESCREVA E DESENHE.

Patrícia Lima/Arquivo da editora

MERGULHO NA ESCRITA

1 COMPLETE AS FRASES COM AS PALAVRAS DO QUADRO.

A)

NOITE	FLORESTA	LENHA

Ilustrações: Cláudio Chiyo/Arquivo da editora

A MENINA FOI ATÉ A ________________ PARA TENTAR ENCONTRAR ________________ PARA PODER SE AQUECER E SE PROTEGER DO FRIO À ________________.

B)

ENCANTAMENTO	MINGAU	FOME

A MÃE ESTAVA COM ________________ E FALOU O ________________ PARA A PANELINHA FAZER O ________________.

2 COLOQUE AS PALAVRAS EM ORDEM PARA FORMAR UMA FRASE.

FUNCIONAR.	A	FADA	PANELA	MADRINHA
UM	FEZ	ENCANTAMENTO	PARA	A

3 ENCONTRE NO QUADRO O NOME DAS FIGURAS.

F	M	O	I	L	P	J	O	P	R	A	M	T
L	R	F	V	B	A	M	K	A	R	E	I	P
B	V	A	R	I	N	H	A	Y	X	Z	N	Y
R	V	C	T	F	E	L	J	X	C	A	G	R
U	N	B	R	I	L	T	U	M	P	C	A	Q
I	L	F	A	D	A	D	O	R	O	J	U	Z
L	O	E	T	R	U	Q	E	N	T	N	W	T

Ilustrações: Cláudio Chiyo/ Arquivo da editora

- EM DUPLA, ESCREVAM UMA FRASE USANDO AS PALAVRAS ENCONTRADAS NO QUADRO.

MEUS TEXTOS

FINAL DE CONTO DE FADAS

PLANEJAMENTO

NA PÁGINA 166, VOCÊ RESPONDEU O QUE ACHOU DO FINAL DO CONTO **MINGAU DOCE**, LEMBRA? E SE VOCÊ PUDESSE CRIAR UM NOVO FINAL PARA ESSA HISTÓRIA?

1 PENSE EM UM FINAL DIFERENTE PARA O CONTO: COMO SERIA? COMO OS PERSONAGENS RESOLVERIAM A SITUAÇÃO?

2 AGORA, PREPARE-SE PARA CONTAR ESSE FINAL.

A) FORME DUPLA COM UM COLEGA E CONTE A ELE COMO VOCÊ IMAGINA QUE A HISTÓRIA PODERIA TERMINAR.

B) OUÇA COM ATENÇÃO O FINAL QUE SEU COLEGA IMAGINOU.

ESCRITA

3 ESCREVA O RASCUNHO DA SUA HISTÓRIA. AO LADO, FAÇA UM DESENHO PARA ILUSTRAR O FINAL QUE VOCÊ CRIOU.

Paladin12/Shutterstock

REVISÃO

4 DEPOIS QUE TERMINAR O RASCUNHO COM O FINAL QUE VOCÊ IMAGINOU PARA O CONTO **MINGAU DOCE**, FAÇA A REVISÃO DO TEXTO.

	SIM	**PRECISO FAZER/ REFAZER**
CRIEI UM FINAL DIFERENTE PARA O CONTO?		
OS PERSONAGENS DA HISTÓRIA CONSEGUIRAM RESOLVER A SITUAÇÃO?		
FIZ UM DESENHO QUE ILUSTRA O FINAL QUE CRIEI?		

MEUS TEXTOS

DEPOIS QUE TODOS TIVEREM TERMINADO A REVISÃO, VOCÊS PODEM PREPARAR UM LIVRO PARA MOSTRAR AOS ALUNOS DE OUTRAS CLASSES O TRABALHO QUE FIZERAM.

COM A AJUDA DO PROFESSOR, VOCÊS VÃO MONTAR UMA **COLETÂNEA** COM OS VÁRIOS FINAIS CRIADOS PELA TURMA.

A COLETÂNEA DE VOCÊS VAI SE CHAMAR **MINGAU DOCE: UMA HISTÓRIA E MUITOS FINAIS DIFERENTES**, E PASSARÁ A FAZER PARTE DA BIBLIOTECA DA CLASSE.

RECREIO

1. A HISTÓRIA **MINGAU DOCE** É UM CONTO DE FADAS. VEJA A CAPA DE UM LIVRO QUE TAMBÉM TRAZ VÁRIOS CONTOS COMO OS QUE VOCÊ CONHECEU NESTE CAPÍTULO.

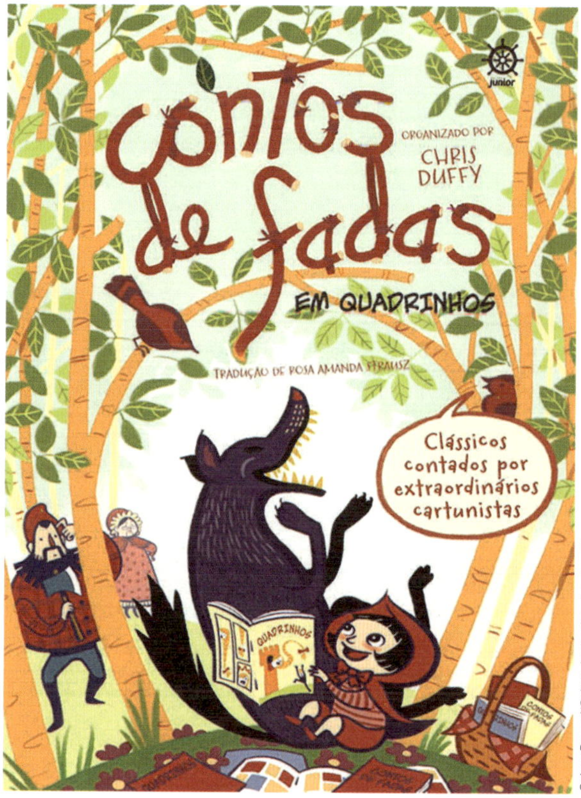

Galera Record/Galera Junior/Arquivo da editora

- LEIA O TÍTULO: **CONTOS DE FADAS EM QUADRINHOS**

A) COPIE A PALAVRA DO TÍTULO QUE TEM A LETRA **H**.

____

B) CIRCULE A SÍLABA DESSA PALAVRA QUE TEM A LETRA **H**.

C) LEIA ESSA SÍLABA EM VOZ ALTA E PRESTE ATENÇÃO NO SOM DAS LETRAS **NH**.

D) PINTE AS PALAVRAS ABAIXO QUE TÊM SÍLABAS COM ESSE MESMO SOM.

JOANINHA	HOMEM	BANHEIRA
HELICÓPTERO	GATINHO	HOJE

2. OBSERVE ESTA HISTÓRIA EM QUADRINHOS.

CURTA O MENINO MALUQUINHO: ... EM HISTÓRIAS RAPIDINHAS!, DE ZIRALDO. SÃO PAULO: GLOBO, 2006. P. 5.

A) QUAL É O NOME DESSE PERSONAGEM?

____

B) POR QUE OS CACHORROS CORRERAM ATRÁS DO MENINO?

C) O QUE AS PALAVRAS NO ÚLTIMO QUADRINHO REPRESENTAM?

____

____

ATIVIDADES DO CAPÍTULO

1. FAÇA UM FIO LIGANDO CADA FIGURA AO SEU NOME.

Nattika/Shutterstock/Glow Images

ILHA

OLHA

ALHO

AS IMAGENS NÃO ESTÃO REPRESENTADAS EM TAMANHO PROPORCIONAL ENTRE SI.

Taiga/Shutterstock/Glow Images

MALHA

MILHO

MOLHO

Coprid/Shutterstock/Glow Images

CHUVA

CHAMA

CHAPÉU

Valentina_S/Shutterstock/Glow Images

GATINHO

GOLFINHO

GALINHA

2. ESCREVA O NOME DAS FIGURAS, COLOCANDO UMA LETRA EM CADA QUADRINHO.

Ilustrações: Patricia Lima/ Arquivo da editora

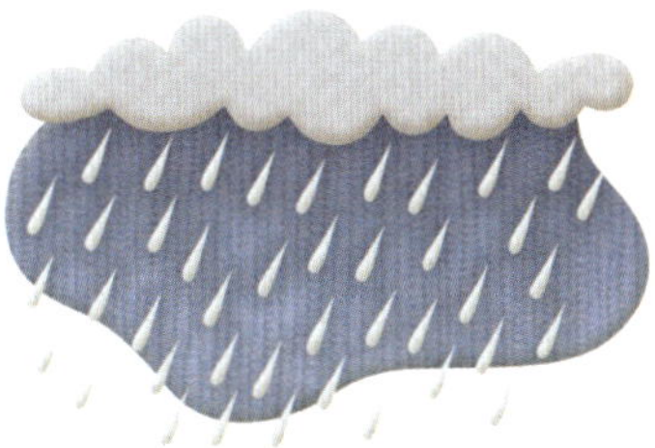

3. ACRESCENTE A LETRA **H** E DESCUBRA NOVAS PALAVRAS. VEJA O EXEMPLO.

VELA

VELHA

GALO

CAMA

SONO

CAPÍTULO

11 QUE MEDO!

SOPA DE LETRINHAS

1 VOCÊ TEM MEDO DE BRUXA? SABE QUEM É RAPUNZEL? OUÇA O TEXTO QUE O PROFESSOR VAI LER. DEPOIS, FAÇA AS ATIVIDADES.

- PINTE O NOME DE PERSONAGENS E ELEMENTOS DO CONTO.

RABIOLA

RABISCO

RABANETE

RAPAZ

RAPUNZEL

RAPOSA

TORRADA

TORTA

TORRE

PRISIONEIRO

PRÍNCIPE

PRINCESA

Ilustrações: Waldomiro Neto/Arquivo da editora

2 OBSERVE AS CENAS E ESCREVA, NOS BALÕES, FALAS PARA OS PERSONAGENS DO CONTO.

Ilustrações: Waldomiro Neto/Arquivo da editora

3 COMPLETE A CRUZADINHA COM AS PALAVRAS DO QUADRO.

4 LETRAS	5 LETRAS	6 LETRAS	7 LETRAS	8 LETRAS
PERA	JARRA	ARANHA RAINHA	MORANGO	CACHORRO RABANETE

Ilustrações: Waldomiro Neto/Arquivo da editora

4 COMPLETE AS PALAVRAS COM **R** OU **RR**.

A ______ OZ ______ AIO MACA ______ ÃO

AMA ______ ELO BA ______ O ______ ISADA

______ EVISTA LA ______ ANJA PI ______ ATA

FA ______ INHA CO ______ IDA ______ EI

- AGORA, ORGANIZE AS PALAVRAS NO QUADRO.

Ilustrações: Waldomiro Neto/Arquivo da editora

RAPUNZEL	**TORRE**	**FLORESTA**

5 PINTE O QUADRINHO COM A RESPOSTA QUE COMPLETA AS PALAVRAS DE CADA GRUPO.

R	RR

AMO■A
TANGE■INA
VA■INHA

R	RR

CA■OÇA
JA■A
SO■ISO

R	RR

■ECEITA
■OSA
■ATO

LEITURA

VOCÊ TEM MEDO DE ALGO? DE QUÊ?

VOCÊ ACHA QUE TODO MUNDO SENTE MEDO?

QUEM TEM MEDO DE MONSTRO?

ERA UMA BRUXA MALVADA
QUE ASSUSTAVA A CRIANÇADA
COM SEU HORRÍVEL RUÍDO...

MAS O QUE NINGUÉM SABIA
É QUE ELA TAMBÉM SOFRIA,
TINHA MEDO DE BANDIDO!

ERA UM BANDIDO TERRÍVEL,
E ERA MUITO TEMÍVEL
A SUA VOZ DE TROVÃO!

MAS ELE TEM UM SEGREDO.
É QUE ELE TAMBÉM TEM MEDO,
MEDO DE BICHO-PAPÃO!

O BICHO-PAPÃO É UM CHATO,
FAZ BARULHO E ESPALHAFATO.
AMEDRONTA E DESACATA...

MAS NA VERDADE, COITADO,
ELE ESTÁ MUITO APURADO...
POIS TEM MEDO DE PIRATA!

[...]

Reprodução/Ed. Salamandra

ESSE TEXTO FAZ PARTE DO LIVRO **QUEM TEM MEDO DE MONSTRO?**, DE RUTH ROCHA. SÃO PAULO: SALAMANDRA, 2012.

Mathias Towsend/Arquivo da editora

ATIVIDADES

1 A BRUXA TEM MEDO DE QUÊ?

____

2 E O BANDIDO TEM MEDO DE QUÊ?

____

3 E O BICHO-PAPÃO TEM MEDO DE QUÊ?

____

4 NO TEXTO, CIRCULE AS PALAVRAS ABAIXO.

TROVÃO	SEGREDO	BARULHO	PIRATA

5 CIRCULE DE  O TÍTULO DO TEXTO.

6 NO TEXTO, SUBLINHE COM UMA MESMA COR AS PALAVRAS QUE RIMAM.

MERGULHO NA ESCRITA

1 RELEIA O TEXTO **QUEM TEM MEDO DE MONSTRO?** E DEPOIS COMPLETE AS FRASES.

Ilustrações: Mathias Towsend/Arquivo da editora

A ______________________ TEM MEDO DE ______________________.

O ______________________ TEM MEDO DE ______________________.

O ______________________ ______________________.

2 LEIA MAIS UM TRECHO DO TEXTO E COMPLETE-O COM O NOME DA FIGURA ABAIXO.

O PIRATA É TÃO DANADO,
RUIM, TINHOSO, MALVADO,
QUE A GENTE ATÉ FICA PASMA!

MAS O QUE É MESMO ENGRAÇADO
É QUE ELE É APAVORADO
DE MEDO DE VER ______________________...

QUEM TEM MEDO DE MONSTRO?, DE RUTH ROCHA. SÃO PAULO: SALAMANDRA, 2012.

3 COLOQUE AS PARTES DA FRASE EM ORDEM.

Mathias Towsend/ Arquivo da editora

MEDO | GATO. | O | TEM | RATO | DO

Mathias Towsend/ Arquivo da editora

O | TEM | GATO | DO | CACHORRO. | MEDO

4 E VOCÊ, DE QUE TEM MEDO? ESCREVA UMA FRASE E DEPOIS DESENHE.

MEUS TEXTOS

HISTÓRIA COLETIVA

1 VAMOS CRIAR O FINAL DE UMA HISTÓRIA JUNTOS?

PLANEJAMENTO

- ACOMPANHE A LEITURA DA HISTÓRIA DA PRÓXIMA PÁGINA.
- DEPOIS, UM ALUNO POR VEZ ESCREVE UMA FRASE QUE DÊ CONTINUIDADE À HISTÓRIA. MAS ATENÇÃO: VOCÊ SÓ PODERÁ VER A FRASE ESCRITA PELO COLEGA ANTERIOR. AS OUTRAS FRASES FICARÃO ESCONDIDAS.
- O ÚLTIMO ALUNO DEVERÁ ESCREVER UMA FRASE FINALIZANDO A HISTÓRIA.

Patricia Lima/Arquivo da editora

ERA UMA VEZ UMA PRINCESA QUE VIVIA SOZINHA NUM ENORME CASTELO. UM DIA, ENQUANTO PASSEAVA SOLITÁRIA PELO BOSQUE, ENCONTROU UMA LÂMPADA E DELA SURGIU UM GÊNIO.

O GÊNIO DISSE QUE ERA MÁGICO E QUE PODERIA REALIZAR TRÊS DESEJOS DELA. A PRINCESA PENSOU, PENSOU E, FINALMENTE, DECIDIU O QUE PEDIR.

Patrícia Lima/Arquivo da editora

MEU TEXTO

2 DEPOIS QUE CADA ALUNO ESCREVER UMA FRASE, O PROFESSOR VAI LER TODAS ELAS. COMO SERÁ QUE ESSA HISTÓRIA VAI TERMINAR? CONVERSE COM SEUS COLEGAS SOBRE A HISTÓRIA QUE CRIARAM.

RECREIO

1. LIGUE OS PERSONAGENS AO TEXTO QUE OS DESCREVE.

“ERA UMA BRUXA MALVADA
QUE ASSUSTAVA A CRIANÇADA
COM SEU HORRÍVEL RUÍDO...”

“ERA UM BANDIDO TERRÍVEL,
E ERA MUITO TEMÍVEL
A SUA VOZ DE TROVÃO!”

“O BICHO-PAPÃO É UM CHATO,
FAZ BARULHO E ESPALHAFATO.
AMEDRONTA E DESACATA...”

Ilustrações: Simone Ziasch/Arquivo da editora

2. PARA CADA ITEM ABAIXO, FORME UMA FRASE USANDO OS NOMES DAS TRÊS FIGURAS QUE APARECEM.

A)

Ilustrações: Simone Ziasch/ Arquivo da editora

____

____

B)

____

____

C)

____

____

ATIVIDADES DO CAPÍTULO

1. CIRCULE, NA CENA, DEZ FIGURAS QUE TÊM **R** OU **RR** NO NOME. DEPOIS, ESCREVA CADA NOME NAS LINHAS.

Waldomiro Neto/Arquivo da editora

2. PESQUISE EM JORNAIS E REVISTAS PALAVRAS COM A LETRA **R** E COLE-AS OU ESCREVA-AS NOS QUADROS.

R **NO INÍCIO DE PALAVRA**

RR **ENTRE VOGAIS**

R **ENTRE VOGAIS**

CAPÍTULO

12 ADIVINHA O QUE É?

SOPA DE LETRINHAS

1 VOCÊ CONHECE A HISTÓRIA DOS TRÊS PORQUINHOS? OUÇA A LEITURA DO PROFESSOR. DEPOIS, FAÇA AS ATIVIDADES.

2 REESCREVA AS FRASES, TROCANDO AS PALAVRAS DESTACADAS PELO SEU CONTRÁRIO. USE AS PALAVRAS DO QUADRO.

ACESA	FELIZES	ABRIR

O LOBO MANDOU O PORQUINHO **FECHAR** A PORTA.

A LAREIRA ESTAVA **APAGADA**.

O LOBO FOI EMBORA E OS PORQUINHOS FICARAM MUITO **TRISTES**.

Ilustrações: Fabiana Faiallo/Arquivo da editora

3 DECIFRE OS ENIGMAS E DESCUBRA DE QUE ERAM FEITAS AS CASAS DOS PORQUINHOS.

A)  − GRE +  − QUEI +  − BO

B)  − NELA +  − ABE

C)  − LINHA + 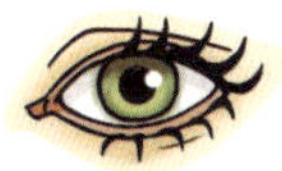 − O

4 AGORA, ESCREVA NA CRUZADINHA AS PALAVRAS QUE VOCÊ DESCOBRIU.

5 LEIA AS LEGENDAS E ESCREVA-AS NAS CENAS CORRESPONDENTES.

OS TRÊS PORQUINHOS FICARAM MORANDO NA CASA DE TIJOLOS.

CADA PORQUINHO CONSTRUIU UMA CASA PARA MORAR.

O LOBO ASSOPROU E DERRUBOU A CASA DO PORQUINHO.

Ilustrações: Fabiana Faiallo/Arquivo da editora

6 COMPLETE AS PALAVRAS COM **S** OU **SS**.

Ilustrações: Fabiana Faiallo/Arquivo da editora

CA ______ A ______ EGUNDO A ______ OPRAR

7 IMAGINE QUE O LOBO MAU RESOLVEU PEDIR DESCULPAS AOS PORQUINHOS POR TER DESTRUÍDO AS CASINHAS DELES. LEIA O BILHETE COMPLETANDO AS PALAVRAS.

PORQUI______OS,

______INTO MUITO POR TER DE______UBADO AS CASI______AS DE VOCÊS. PROMETO NÃO FAZER MAIS I______O. COMO PROVA DA MI______A AMIZADE, CONVIDO VOCÊS PARA TOMAR UM ______Á COM BISCOITOS DE POLVI______O NA MINHA TOCA AMA______Ã, ÀS 17 HORAS.

ESPERO POR VOCÊS!

UM ABRAÇO,

LOBO

LEITURA

VOCÊ GOSTA DE DESVENDAR MISTÉRIOS? ENTÃO TENTE ENCONTRAR AS RESPOSTAS DOS ENIGMAS A SEGUIR.

PÉ DE COBRA, ASA DE SAPO (QUADRINHAS MONSTRUOSAS)

I

TRAGO PÓ PIRLIMPIMPIM
E UMA VARINHA ENCANTADA.
PAREÇO UMA BORBOLETA...
QUEM SOU EU? EU SOU A FADA!

II

PULO DE UMA PERNA SÓ,
POR AÍ E POR AQUI
SOU O SENHOR PERERÊ
(PARA OS ÍNTIMOS, SACI)

III

QUANDO EU SAIO PELAS RUAS,
TODA A GENTE FICA PASMA.
NÃO SEI POR QUE TANTO ESPANTO...
SÓ PORQUE EU SOU UM FANTASMA?

Ilustrações: Cláudio Chiyo/Arquivo da editora

ESSE TEXTO FOI RETIRADO DO LIVRO **PÉ DE COBRA, ASA DE SAPO (QUADRINHAS MONSTRUOSAS)**, DE RAFAEL SOARES DE OLIVEIRA. ILUSTRAÇÕES DE JEAN GALVÃO. SÃO PAULO: ÁTICA, 2012.

Editora Ática/Arquivo da editora

ATIVIDADES

1 A FADA SE ACHA PARECIDA COM UM ANIMAL. QUAL?

____

2 QUAL É O APELIDO DO SENHOR PERERÊ?

____

3 QUEM ASSUSTA AS PESSOAS NA RUA MESMO SEM QUERER?

____

4 NO TEXTO, CIRCULE DE:

- UMA PALAVRA QUE RIMA COM **ENCANTADA**.
- UMA PALAVRA QUE RIMA COM **AQUI**.
- UMA PALAVRA QUE RIMA COM **PASMA**.

5 VAMOS BRINCAR DE ADIVINHAR COMO NO TEXTO? TENTE DESVENDAR AS CHARADAS COM UM COLEGA!

- QUAL É O LUGAR EM QUE TODOS PODEM SENTAR, MENOS VOCÊ?
- O QUE HÁ NO MEIO DO CORAÇÃO?
- O QUE MUDA DE PESO MAS NUNCA DE TAMANHO?
- O QUE É, O QUE É: CAI DE PÉ E CORRE DEITADA?
- O QUE TEM COROA MAS NÃO É REI, TEM ESPINHO MAS NÃO É PEIXE?

Cláudio Chiyo/ Arquivo da editora

MERGULHO NA ESCRITA

1 LEIA O BILHETE:

Senhor Pererê,
Gostaria de me acompanhar a uma festa para brincarmos de adivinhas?
Espero que aceite meu convite!

Fada

Cláudio Chiyo/Arquivo da editora

A) QUEM ESCREVEU O BILHETE?

____

B) QUEM VAI RECEBER O BILHETE?

____

C) QUE TIPO DE LETRA FOI USADO NO BILHETE?

☐ LETRA DE IMPRENSA ☐ LETRA CURSIVA

D) NO BILHETE, PINTE DE:

- (amarelo) AS LETRAS MAIÚSCULAS.
- (verde) O SINAL USADO PARA FAZER UMA PERGUNTA.
- (vermelho) O SINAL USADO PARA TERMINAR A ÚLTIMA FRASE, ANTES DA ASSINATURA.

2 OBSERVE AS FOTOS DE ALGUNS TIPOS DE FESTA.

Morgan Lane Photography/Shutterstock/Glow Images

Crianças apagando a vela do bolo na festa de aniversário de Fernanda.

gosphotodesign/Shutterstock/Glow Images

Crianças fantasiadas em festa carnavalesca.

João Prudente/Pulsar Imagens

Crianças dançando em festa junina da escola.

A) NAS LEGENDAS DAS FOTOS, PINTE O SINAL USADO NO FINAL DE CADA FRASE.

- VOCÊ SABE O NOME DESSE SINAL? CONVERSE COM OS COLEGAS E TENTE ESCREVER.

B) ALGUMAS PALAVRAS NAS LEGENDAS INICIAM COM LETRA MAIÚSCULA. CIRCULE-AS.

- VOCÊ SABE POR QUE ELAS FORAM ESCRITAS DESSA FORMA?

MEUS TEXTOS

BILHETE

IMAGINE QUE VOCÊ E UM COLEGA FORAM CONVIDADOS PARA BRINCAR COM ADIVINHAS EM UMA FESTA. ALÉM DISSO, NESSA FESTA VOCÊS DEVEM IR FANTASIADOS.

VOCÊ RESOLVEU ESCREVER UM BILHETE A ESSE COLEGA PARA AJUDÁ-LO A SE LEMBRAR DE QUANDO É A FESTA E DE COMO SERÁ A FANTASIA DE VOCÊS.

PLANEJAMENTO

1. ESCOLHA UM COLEGA PARA ENVIAR O BILHETE.
2. LEMBRE-SE DE COLOCAR INFORMAÇÕES IMPORTANTES SOBRE A FESTA (O DIA, O HORÁRIO, O LOCAL, A FANTASIA E COMO VOCÊS IRÃO PARA A FESTA). USE A IMAGINAÇÃO PARA INVENTAR ESSES DETALHES!

Cláudio Chiyo/Arquivo da editora

RASCUNHO

3 ESCREVA NAS LINHAS ABAIXO UM RASCUNHO DO SEU BILHETE.

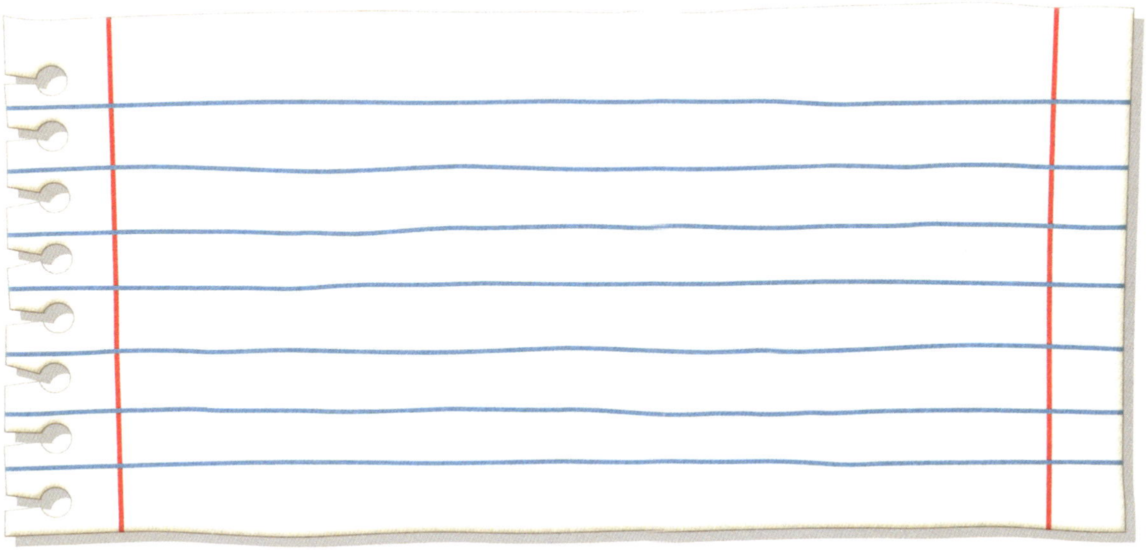

Patricia Lima/Arquivo da editora

REVISÃO

4 DEPOIS DE ESCREVER O RASCUNHO DO BILHETE, FAÇA A REVISÃO PARA CHECAR SE NÃO FALTOU NADA.

	SIM	PRECISO FAZER / REFAZER
ESCREVI O NOME DO COLEGA QUE VAI RECEBER O BILHETE?		
ESCREVI UM RECADO QUE VAI AJUDÁ-LO A SE LEMBRAR DA FESTA?		
TERMINEI AS FRASES COM UM SINAL DE PONTUAÇÃO?		
ESCREVI MEU NOME NO FINAL DO BILHETE?		

MEU TEXTO

5 DESTAQUE O BILHETE DO **MATERIAL COMPLEMENTAR** E ESCREVA SEU RECADO NELE. DEPOIS, ENTREGUE SEU BILHETE AO COLEGA QUE VOCÊ ESCOLHEU.

RECREIO

1. ESCREVA LEGENDAS PARA AS FOTOS. VEJA O EXEMPLO.

Kumar Sriskandan/Alamy/Glow Images

CRIANÇAS VISITAM MUSEU.

Michelle D. Milliman/Shutterstock/Glow Images

Raywoo/Shutterstock/Glow Images

2. AGORA, VAMOS FAZER O CONTRÁRIO. FAÇA DESENHOS QUE REPRESENTEM AS LEGENDAS A SEGUIR.

MENINOS E MENINAS JOGANDO FUTEBOL NA QUADRA DA ESCOLA.

A FADA E O SACI-PERERÊ SE DIVERTINDO MUITO NA FESTA!

Ilustrações: Simone Ziasch/Arquivo da editora

OS TRÊS PORQUINHOS TOMANDO CHÁ NA CASA DO LOBO MAU.

ATIVIDADES DO CAPÍTULO

1. ALGUNS PERSONAGENS ESCREVERAM ESTES BILHETES, MAS SE ESQUECERAM DE ASSINAR. DESCUBRA DE QUEM É CADA BILHETE E ESCREVA O NOME DELES.

Cinderela,

Lembre-se de que o encanto acaba à meia-noite!

Não se atrase!

____

João,

Vá até a cidade e venda a nossa vaquinha. Não temos mais dinheiro para comprar comida.

Tome cuidado e volte logo!

____

Branca de Neve,

Lembre-se de não deixar ninguém entrar em casa. Fomos trabalhar e vamos voltar no fim da tarde.

Abraços dos amigos,

____

QUERIDOS URSINHOS,

DESCULPEM POR EU TER COMIDO TODO O MINGAU.

AMANHÃ LEVAREI PARA VOCÊS UM BOLO DE CENOURA!

____

2. COMPLETE AS FRASES COM PALAVRAS DE SENTIDO CONTRÁRIO AO DAS INDICADAS NOS QUADRINHOS.

TRISTE

OS CONTOS DE FADAS COSTUMAM TER UM FINAL ______________.

ATRAPALHAM

AS FADAS SEMPRE ______________ OS PERSONAGENS DAS HISTÓRIAS.

BONDOSA

A BRUXA QUE ASSUSTAVA A CRIANÇADA ERA MUITO ______________.

3. IMAGINE QUE UM COLEGA NÃO PÔDE IR À ESCOLA PORQUE ESTÁ DOENTE.

- AJUDE O PROFESSOR A ESCREVER NA LOUSA UM BILHETE A ESSE COLEGA, DEMONSTRANDO CARINHO E ESTIMAS DE MELHORA. DEPOIS, COPIE O BILHETE NO ESPAÇO ABAIXO.

Patrícia Lima/Arquivo da editora

O QUE APRENDI?

Walt Disney Productions/Screen Prod/Photonostop/Agência France-Presse

1. NESTA CENA DO FILME, A FADA AZUL APARECE PARA LIVRAR PINÓQUIO DA GAIOLA EM QUE O PRENDERAM. IMAGINE QUE A FADA AINDA NÃO SABIA QUE PINÓQUIO PRECISAVA DE AJUDA. ESCREVA UM BILHETE PARA ELA FALANDO SOBRE A SITUAÇÃO DELE E PEDINDO QUE ELA O SALVE O QUANTO ANTES.

2. VOCÊ CONHECE OUTRAS HISTÓRIAS EM QUE APARECEM FADAS MADRINHAS? FAÇA UMA LISTA COM O NOME DESSAS HISTÓRIAS.

3. VOCÊ CONHECE A BRUXA DA HISTÓRIA DA BRANCA DE NEVE? E A FADA DA CINDERELA? ELAS SÃO BEM PARECIDAS OU MUITO DIFERENTES? LIGUE CADA UMA DELAS ÀS SUAS CARACTERÍSTICAS.

Walt Disney/Walt Disney Pictures

Photofest/Easypix Brasil

É malvada com a Branca de Neve.

É bondosa com a Cinderela.

Pergunta ao espelho quem é a pessoa mais bela do reino.

Usa sua varinha mágica para ajudar as pessoas.

- PINTE DE [amarelo] OS PONTOS-FINAIS E DE [vermelho] AS LETRAS MAIÚSCULAS.

PARA SABER MAIS

LIVROS

Reprodução/Ed. Cosac Naify

BRASILEIRINHOS: POESIA PARA OS BICHOS MAIS ESPECIAIS DA NOSSA FAUNA, DE LALAU E LAURABEATRIZ. SÃO PAULO: COSAC NAIFY.

ALGUNS ANIMAIS EM EXTINÇÃO DA FAUNA BRASILEIRA, COMO O JACARÉ-DE-PAPO-AMARELO, A ARIRANHA E O PEIXE-BOI, VIRARAM POESIA NAS MÃOS DO AUTOR. HÁ INFORMAÇÕES TÉCNICAS SOBRE CADA ANIMAL, COMO PESO, TAMANHO E LOCAL ONDE VIVEM, ENTRE OUTRAS.

Reprodução/Ed. Caramelo

JUJU NA COZINHA DO CARLOTA, DE CARLA PERNAMBUCO E PINKY WAINER. SÃO PAULO: CARAMELO.

VINTE E NOVE RECEITAS DE SALGADOS, DOCES E BEBIDAS COMPÕEM ESTE LIVRO. ESSAS RECEITAS PODEM SER FEITAS EM CASA OU NA ESCOLA E RECEBEM UMA CLASSIFICAÇÃO POR NÍVEL DE DIFICULDADE. O PASSO A PASSO DE CADA RECEITA É ILUSTRADO, O QUE FAVORECE A LEITURA.

Reprodução/Ed. Brinque-Book

MACACO DANADO, DE JULIA DONALDSON E AXEL SCHEFFLER. SÃO PAULO: ÁTICA.

NESTE LIVRO, O PEQUENO MACACO PERDE-SE DE SUA MÃE. NA COMPANHIA DE UMA BORBOLETA BEM ATRAPALHADA, ELE PASSEIA PELA FLORESTA E DESCOBRE QUE CADA ANIMAL É DE UM JEITO E QUE TODO FILHOTE FICA FELIZ QUANDO ENCONTRA O CARINHO DA MÃE.

Reprodução/Ed. Formato

MEIO-DIA MACACO ASSOBIA, DE BEL LINARES E ALCY. SÃO PAULO: FORMATO.

AS LINDAS ILUSTRAÇÕES DESTE LIVRO PROCURAM REMETER A CRIANÇA ÀS PARLENDAS CONHECIDAS DA CULTURA POPULAR BRASILEIRA.

Reprodução/Ed. Companhia das Letrinhas

MINHAS FÁBULAS DE ESOPO, DE MICHAEL MORPURGO. SÃO PAULO: COMPANHIA DAS LETRINHAS.

NESTE LIVRO FORAM REUNIDAS AS 21 FÁBULAS DE ESOPO FAVORITAS DO AUTOR, QUE ESCOLHEU ALGUMAS CONHECIDAS E OUTRAS NEM TANTO, E RECONTOU-AS DO SEU JEITO. AS ILUSTRAÇÕES SÃO TÃO BELAS E ENCANTADORAS QUANTO OS TEXTOS.

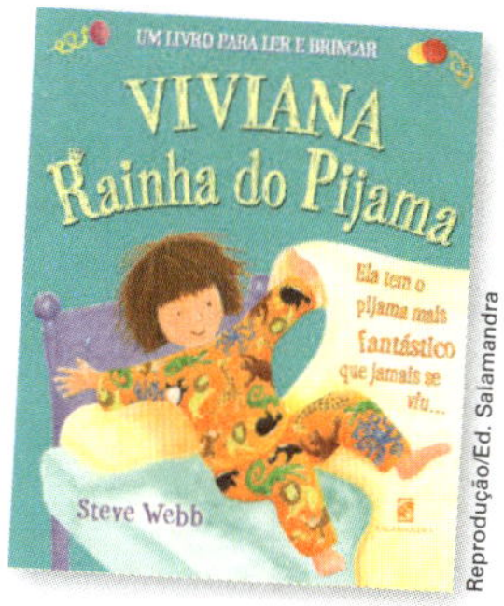

Reprodução/Ed. Salamandra

VIVIANA: RAINHA DO PIJAMA, DE STEVE WEBB. SÃO PAULO: SALAMANDRA.

VIVIANA QUER DESCOBRIR QUAL ANIMAL TEM O PIJAMA MAIS INCRÍVEL. PARA ISSO, RESOLVE CONVIDAR TODOS OS ANIMAIS PARA UMA FESTA DO PIJAMA.

Reprodução/Ed. Moderna

BRUXINHA ZUZU E GATO MIÚ, DE EVA FURNARI. SÃO PAULO: MODERNA.

POR MEIO DE DESENHOS, ESTE LIVRO CONTA AS HISTÓRIAS DA BRUXINHA ZUZU E DE SEU MELHOR AMIGO, O GATO MIÚ. JUNTOS, ELES PASSAM POR MIL E UMA CONFUSÕES.

VÍDEOS

Reprodução/Palavra Cantada

PALAVRA CANTADA: CANÇÕES DO BRASIL, DE PAULO TATIT E SANDRA PERES (DIR.). BRASIL: MCD, 2006.

ESTE DVD CONTA COM 20 MÚSICAS GRAVADAS EM DIFERENTES ESTADOS DO BRASIL, CADA QUAL COM SUA RIQUEZA REGIONAL.

Reprodução/Tiquequê

TIQUEQUÊ. TU TOCA O QUÊ?, BRASIL: MCD, 2012.

O GRUPO TIQUEQUÊ TRAZ ELEMENTOS DAS DANÇAS BRASILEIRAS, DAS BRINCADEIRAS POPULARES, DA PERCUSSÃO CORPORAL, DO TEATRO E DAS HISTÓRIAS.

SITES

<http://tvcultura.cmais.com.br/infantil>/Acervo da editora

INFANTIS TV CULTURA

<HTTP://TVCULTURA.CMAIS.COM.BR/INFANTIL>. ACESSO EM: 25 NOV. 2015.

ESTE *SITE* TRAZ ATIVIDADES, VÍDEOS E JOGOS EDUCATIVOS VARIADOS E DIVERTIDOS VOLTADOS PARA O UNIVERSO DA CRIANÇA.

<http://iguinho.com.br/zuzu/>/Acervo da editora

ZUZUBALÂNDIA

<HTTP://IGUINHO.COM.BR/ZUZU/>. ACESSO EM: 25 NOV. 2015.

ESTE *SITE* DISPONIBILIZA ATIVIDADES E JOGOS EDUCATIVOS DA TURMA DA ZUZUBALÂNDIA.

BIBLIOGRAFIA

BRASIL. MINISTÉRIO DA EDUCAÇÃO. SECRETARIA DE EDUCAÇÃO BÁSICA. INSTITUTO NACIONAL DE ESTUDOS E PESQUISAS EDUCACIONAIS. *PLANO DE DESENVOLVIMENTO DA EDUCAÇÃO:* PROVA BRASIL: ENSINO FUNDAMENTAL: MATRIZES DE REFERÊNCIA, TÓPICOS E DESCRITORES. BRASÍLIA, 2008.

_________. MINISTÉRIO DA EDUCAÇÃO. SECRETARIA DE EDUCAÇÃO BÁSICA. *PRÓ LETRAMENTO:* PROGRAMA DE FORMAÇÃO CONTINUADA DE PROFESSORES DOS ANOS/SÉRIES INICIAIS DO ENSINO FUNDAMENTAL: ALFABETIZAÇÃO E LINGUAGEM. ED. REV. E AMPL. BRASÍLIA, 2008.

_________. MINISTÉRIO DA EDUCAÇÃO. SECRETARIA DE EDUCAÇÃO FUNDAMENTAL. *PARÂMETROS CURRICULARES NACIONAIS (1ª A 4ª SÉRIE):* LÍNGUA PORTUGUESA. BRASÍLIA, 1997.

CAGLIARI, L. C. *ALFABETIZAÇÃO E LINGUÍSTICA*. SÃO PAULO: SCIPIONE, 1990.

COLOMER, T.; CAMPS, A. *ENSINAR A LER, ENSINAR A COMPREENDER*. PORTO ALEGRE: ARTMED, 2002.

FERREIRO, E.; TEBEROSKY, A. *PSICOGÊNESE DA LÍNGUA ESCRITA*. PORTO ALEGRE: ARTMED, 1999.

_________; PALÁCIO, M. G. *OS PROCESSOS DE LEITURA E ESCRITA:* NOVAS PERSPECTIVAS. PORTO ALEGRE: ARTMED, 1987.

_________ ET AL. *RELAÇÕES DE (IN)DEPENDÊNCIA ENTRE ORALIDADE E ESCRITA*. TRADUÇÃO DE ERNANI ROSA. PORTO ALEGRE: ARTMED, 2003.

_________ (ORG.). *OS FILHOS DO ANALFABETISMO*. PORTO ALEGRE: ARTMED, 1990.

_________. *REFLEXÕES SOBRE ALFABETIZAÇÃO*. SÃO PAULO: CORTEZ, 1985.

FRANCHI, E. *PEDAGOGIA DO ALFABETIZAR LETRANDO:* DA ORALIDADE À ESCRITA. SÃO PAULO: CORTEZ, 2012.

KATO, M. (ORG.). *A CONCEPÇÃO DA ESCRITA PELA CRIANÇA*. CAMPINAS: PONTES, 1988.

KAUFMAN, A. M. ET AL. *ALFABETIZAÇÃO DE CRIANÇAS:* CONSTRUÇÃO E INTERCÂMBIO. PORTO ALEGRE: ARTMED, 1998.

LERNER, D. *LER E ESCREVER NA ESCOLA:* O REAL, O POSSÍVEL E O NECESSÁRIO. PORTO ALEGRE: ARTMED, 2002.

NEMIROVSKY, M. *O ENSINO DA LINGUAGEM ESCRITA*. PORTO ALEGRE: ARTMED, 2002.

SOLÉ, I. *ESTRATÉGIAS DE LEITURA*. PORTO ALEGRE: ARTMED, 1998.

TEBEROSKY, A. *PSICOPEDAGOGIA DA LINGUAGEM ESCRITA*. PETRÓPOLIS: VOZES, 2002.

_________; CARDOSO, B. *REFLEXÕES SOBRE O ENSINO DA LEITURA E DA ESCRITA*. PETRÓPOLIS: VOZES, 1993.

WEISZ, T. *O DIÁLOGO ENTRE O ENSINO E A APRENDIZAGEM*. SÃO PAULO: ÁTICA, 2002.

MATERIAL PARA FORMAÇÃO CONTINUADA DO PROFESSOR

PRÓ-LETRAMENTO: ALFABETIZAÇÃO E LINGUAGEM
DISPONÍVEL EM: <HTTP://PORTAL.MEC.GOV.BR/INDEX.PHP?OPTION=COM_CONTENT&VIEW=ARTICLE&ID=12616&ITEMID=850>. ACESSO EM: 13 JAN. 2016.

ENSINO FUNDAMENTAL DE 9 ANOS: ORIENTAÇÕES PARA A INCLUSÃO DA CRIANÇA DE SEIS ANOS DE IDADE
DISPONÍVEL EM: <HTTP://PORTAL.MEC.GOV.BR/SEB/ARQUIVOS/PDF/ENSFUND/ENSIFUND9ANOBASEFINAL.PDF>. ACESSO EM: 13 JAN. 2016.